U0695935

李悦新名校长工作室丛书

微笑教育
生命礼赞

李悦新 / 著

东北师范大学出版社

长 春

图书在版编目（CIP）数据

微笑教育　生命礼赞 / 李悦新著. — 长春：东北
师范大学出版社，2020.7
　　ISBN 978-7-5681-7022-2

　　Ⅰ.①微… Ⅱ.①李… Ⅲ.①小学教育—教育研究
Ⅳ.①G622.0

中国版本图书馆CIP数据核字（2020）第132893号

　　　　　　　　　　　　　　　　　　□策划创意：刘　鹏
□责任编辑：邓江英　沈　佳　□封面设计：姜　龙
□责任校对：刘彦妮　张小娅　□责任印制：许　冰

东北师范大学出版社出版发行
长春净月经济开发区金宝街 118 号（邮政编码：130117）
电话：0431-84568115
网址：http：// www.nenup.com
北京言之凿文化发展有限公司设计部制版
北京政采印刷服务有限公司
北京市中关村科技园区通州园金桥科技产业基地环科中路 17 号（邮编：101102）
2022年6月第1版　2022年6月第1次印刷
幅面尺寸：170mm×240mm　印张：12.5　字数：195千

定价：45.00元

序 言
PREFACE

微笑教育　绽放微笑
——奋进中的广州开发区第二小学

　　在广州开发区第二小学（以下简称二小）的校门口有这样一句话："迎着晨风，你微笑了吗？"就是这样一句温馨提示孕育出了二小富有特色的"微笑教育"办学思想。多年来，二小人聚焦"纯善德育""微笑课程""和乐教学""微笑教师"等活动项目，走品牌发展、内涵发展、特色发展之路，扎实推动了学校整体发展。"微笑教育"主题特色已然呈现。

　　二小人正是把"微笑教育"作为学校文化的核心和精髓，并依此精心设计与打造校园环境，融艺术性、观赏性和教育性为一体。从校门、教学楼、校服、校徽、校旗、校歌、广场、长廊、橱窗、主题景观等方面综合考虑，蕴含和外显办学理念和办学特色，使师生每天都浸润于微笑文化氛围中。

　　培育"微笑文化"靠特色课程和活动项目，其中特色课程是营造和生成"微笑文化"的主阵地，也就是开展"微笑教育"的主阵地。二小的"微笑教育"特色课程在"让孩子微笑每一天"的理念指引下，围绕培养"品性善良、聪慧好学、才艺多元、活力飞扬、阳光自信"的微笑学子的育人目标，开发了学科性拓展课程、环境性拓展课程、活动性拓展课程，为每一个二小学子创造了开发潜能的天地，达到了充分发展学生潜能的目的。

　　为了践行"微笑教育"特色，提升办学质量，二小力求从学校的实际和学生的需要出发，强调有利于形成学校的特色，发展学生的个性特长和生存需要。二小开展了丰富多彩而富有个性的活动项目，这些项目分为"乐乐"个性专题、微笑六节个性专题、周一社团专项活动，深受全校师生喜爱。学生在富有个性的特色课程中张扬了个性，获得了自尊，拥有了自信！

　　走进二小，仿佛走进一座诗意的殿堂。这里拥有一份特有的清新与雅致，让每一位走进二小的人心都变得纤尘不染，澄澈而温暖。

　　一楼古诗长廊，有名人介绍，有古今诗词，有专家墨宝，恰似一道亮丽的风景。中心花园里有小桥、鱼池、假山、楼阁，还有郁郁葱葱、舒展腰肢的各种绿色植物和开得灿烂的鲜花。学生在蔽日的林荫下嬉戏，清脆的笑声如风铃，美妙悦耳；欢快的身影似燕子，甚是可爱。"笛韵声声""葡萄小径""智苑慧海"等校园十景既独立成章，又相映生辉，形成了景景相连、和谐共生、富含诗意的文化意境。

　　校园最美丽的风景要属孩子们的童真，二小的校园内所有的墙壁、角落说孩子的心声、展孩子的笑脸、现孩子的活动、挂孩子的作品，就连每天反复响起的上课下课的铃声、上学放学的音乐声都是教师精心录制的提示性语言……让孩子们在校园里找到自我，找到归属，让心灵翱翔于诗意的天空已成为二小校园文化的主旋律。

　　基于区域社会环境的要求，基于家庭对教育的诉求，基于学生创新精神和未来发展，二小的"微笑教育"正微笑前行！

李季
2019.6.1

　　李季，中国陶行知研究会未来教育专业委员会理事长，广东第二师范学院德育研究中心主任、教授，广东省中小学德育研究与指导中心首席专家、副主任兼研究部主任，教育部卓越校长理论导师、国培首批入库专家，全国中小学名班主任工作室联盟执行主席，广东省家庭教育研究会会长，广东省家庭教育讲师团团长，广东省中小学班主任讲师团副团长，广东未来教育研究院院长。

前言
FOREWORD

有一种教育叫微笑

教育是爱的事业，爱是教育的灵魂，这是教育的基本内核；而微笑教育是爱的教育，是激励的教育，是赏识的教育，是鼓励的教育。

广州开发区第二小学（以下简称二小）创办于1997年，伴随着广州开发区改革开放与经济发展的步伐，二小人在这片30年前还是热带蕉林的土地上，深深扎根，探索育人之路。2012年，二小全面开启"微笑教育"办学思想的探究，逐步深化及完善理念体系。2015年，二小在雅居乐开办科学城小学（二小分校，以下简称科小），不到两年的办学时间，科小在社会上收获了不少的口碑，得到了家长的高度认可。这无疑得益于学校"微笑教育"办学思想的指导。

"迎着晨风，你微笑了吗？"校门口红色瓷砖、淡黄色的磨砂大理石上镌刻着的这句简简单单的话，却深深地烙进了每一位二小人的心中。这质朴的话语不正是二小"微笑教育"最直白的剖析吗？

经过几年的不断探索，二小的"微笑教育"已形成较为完整、成熟的体系。"微笑教育"理念有着深远的思想渊源，古今中外不少教育家、思想家认为，教育应该是积极的、生命的教育。我国西周的乐教传统，诗礼传家，教化人心；古罗马著名教育家贺拉斯的"寓教于乐"，给我们的"微笑教育"找到了根基。当代教育强调赏识教育，已不是新鲜事，但二小的"微笑教育"有自己的生命之源和清晰、透彻的脉络体系。二小的"微笑教育"渗透学校教学、德育、管理等各个方面，注重学生的人格培养，是一种生命教育、终身教育。

在"微笑教育"的引领下，二小的办学理念可以用"今天，你微笑了吗？"来诠释，其让每一位走进二小的学子六年来在学习、生活中感受到了

内心的愉悦。二小的办学目标是成为全国"微笑教育"联盟样板校，努力搭建全国各地致力于"微笑教育"的联盟组织，寻找"微笑教育"道路探索的同路人。育人目标是全面发展，张扬个性，致力于培养品性善良、聪慧好学、才艺多元、活力飞扬、阳光自信的学子。

学校的校园建设也处处透露出"微笑教育"的办学方针。利用有限的空间，将教学楼大厅、楼梯间改造成"微笑书吧"，营造一种书香校园的氛围，让学生沉浸书海，畅享书香；在环廊、走廊，改造学生作品展示区，营造校园特色十景，每一处细节都显示出学校尊重学生主体，促进学生全面发展，力求学生能够张扬自己的个性，成就有生命的个体。

在教学方面，二小全力打造"微笑课堂"，构建具有本校特色的"2355""微笑课堂"模式。"2"，即"二为主"，课堂以学生为主、以后进生为主。"3"，即"三F"，鱼（Fish），让学生学到知识，掌握技能；渔（Fish），让学生掌握学习方法；愉（Funny），让学生在轻松愉快的课堂中快乐学习。第一个"5"，即五种教学策略："微笑导学""微笑示学""微笑活学""微笑研学""微笑赏学"。第二个"5"，即"五环节"，每个科目在课堂教学步骤上根据科目特点形成五个教学环节，让学生学得愉悦而高效。

二小的"微笑教育"渗透到了教育教学的各个方面，如早中午期间的上学、放学铃声提示，伴随着老师的温馨提示营造微笑舒适的学习氛围；学校的吉祥物"乐乐"，会在每个重大的学生节日隆重亮相。学校重视校本课程的设计和校本教材的研发。比如，拓展性课程研究：生命课程，有独具特色的安全体验课堂，充分利用校内植物，开设了深受学生喜爱的植物观察课；自信课程，学校特意打造的为学生自由展示的"乐乐当家"，每周二与学生准时相约；利用有限的墙面，定期展出学生的书画作品，给了有特长的学生一个展示的平台。

路漫漫其修远兮，吾将上下而求索。我期盼着广州开发区第二小学倾心打造的学校"微笑教育"，能逐渐构筑出学校的灵魂，成为广州珠江之畔一颗耀眼的明珠。

李悦新

目 录

C O N T E N T S

第五章 **文化物象化系统（外显）**

第六章 **特色保障系统**

绪论

广州市开发区第二小学（以下简称二小）自践行特色办学之路以来，取得了长足发展，从一所新办的城乡接合部学校，华丽转身为品牌价值初显的城区好学校。办学理念先进、特色主题鲜明、特色系统完善、文化成果丰硕。

综合上级领导、专家和社会各界的评价，我们认为本校特色办学已获得成功，特色学校模式已经成熟。

本方案系统地呈现了二小特色办学的主要架构，有理论阐述，也有实践成果展示。

第 一 章

特色办学背景简述

一、学校概况

1. 简介

广州市开发区第二小学（以下简称二小）创办于1997年9月，占地面积13286平方米，是伴随着广州开发区改革开放步伐诞生的一所花园式现代化学校。

这所新兴的学校位于黄埔新港附近，东江河畔，珠江之滨。诞生于广州开发区这片创业热土上的二小，成为教育改革的一面旗帜，正行进在特色发展的道路上。

学校把"微笑教育"作为校园文化的核心和精髓，精心设计打造校园环境，融艺术性、观赏性和教育性为一体，师生沉浸于浓郁的微笑文化氛围之中，犹如流连戏蝶，恰似自在娇莺，校园内每天都欢声笑语，令人陶醉。

2. 校史

2005年9月，原萝岗区教育局将墩头基小学合并到二小，作为其分校，更名为"广州开发区第二小学分校"。

说到墩头基小学，办学历史却比二小早。它原来属于黄埔区，名为"南基小学"，成立于1985年。后来成立了萝岗区后，便被划入萝岗区，并被命名为"墩头基小学"。它位于西基工业区内，东基、西基是萝岗区的一个城中村，同时，附近许多工厂的工人都在东基、西基租房子。因此，城中村子女和外来务工人员的子女是墩头基小学的主要生源。

—3—

2010年1月，分校整体并入二小主校。合并后的二小扩大了生源，充实了师资力量，为做大做强二小奠定了坚实的基础。

3. 教师

二小教职工总人数81人，其中专任教师78人，研究生4人、本科生65人、大专生9人，高级教师4人、一级教师44人、省名优教师和班主任3人、市"百千万名教师培养对象"4人、市名优教师和骨干教师14人、市"十佳教师"3人、市"优秀少先队辅导员"3人。

4. 学生

二小有近1400名学生，学生来自各个阶层的家庭，家长对学生的教育重视程度也是大不一样，学生素质有很大的差距。

学校重视学生素质的多元发展、全面发展、可持续发展；教师以学生为本，学生课业负担较轻，注重挖掘学生的个性。所以二小的学生大多活泼好动，活动能力强，多才多艺，自立自信、富有后劲。

5. 荣誉

经过短短十几年的发展，二小收获了丰硕的成果，得到了社会各界较高的评价。

学校先后被授予全国教育科研先进单位、全国科研兴教示范基地、全国优秀家长学校实验基地、中国青少年素质教育研究实践基地、全国少年儿童科学体验活动示范学校、全国优秀红领巾小社团、全国文明礼仪示范学校等10多项称号。

学校2004年12月被评为省一级学校，此外，还先后被授予广东省书香校园、广东省语言文字规范化示范学校、广东省现代教育技术实验学校、广东省绿色学校等20项荣誉称号。

学校获得了广州市特色学校、广州市教育工作先进单位、广州市一级学校、广州市优秀家长学校、广州市语言文字示范学校等100多项荣誉称号。

6. 分校简介

黄埔区科学城小学是由区教育局统一部署，二小承办并负责全面管理的全日制公办小学。学校坐落在广汕路与大观路交界处，毗邻雅居乐富春山居，占地面积1.82万平方米。学校教学设施设备一应俱全，并建有400米环形跑道运动场。它是一所环境优美，弥漫着浓郁的现代化气息的花园式小学。

学校创办于2015年9月，办学初有一、二年级4个教学班，教职工总数116人，其中专任教师111人。部分教师学历及职称：研究生10人、本科生98人、大专生7人，高级教师6人、一级教师40人；学生总数1660人。在二小的引领下，学校坚持走"微笑教育"内涵发展之路，教育教学质量稳步提升，得到了政府、领导和家长的高度认可和评价，仅一年时间，学校就完全独立了出去，并快速发展了起来。

鉴于二小的特色办学已在社会上产生了影响，2018年1月学校同时筹办了两个楼盘作为分校区，分别是保利罗兰校区和万科尚城校区。二小从此将走上集团化办学之路。

二、优势和资源分析

1. 校本课程开发取得较大成功

依据多元智能理论，我们将学校课程分成五类，同时与英语单词"Smile"（微笑）的五个字母匹配构成"S"课程（Self & Society）：自我与社会课程；"M"课程（Method of Science & Exploration）：科学与探索课程；"I"课程（Interest of Art & Aesthetics）：艺术与审美课程；"L"课程（Language & Communication）：语言与交往课程；"E"课程（Exercise & Health）：运动与健康课程。

2. 形成了科学的育人策略

本校多年来积极推进"一二三四"教育工程，实现"全面发展，张扬个性"的素质目标。"一"，即树立一个成长目标；"二"是两项活动，即"书香校园活动"和"快乐假日活动"；"三"是三种技能，即训练每一个学生"学会演奏一种以上的乐器，学会一项以上的体育健身技能，学会一种益智游戏"；"四"是培养四种习惯，即良好的生活习惯、良好的行为习惯、良好的学习习惯、良好的人际交往习惯。

3. 教育科研扎实，课改理念先进

近5年来，学校共承担国家级、省级、市级课题4项，区级课题8项。其中，"通过感恩教育培养学生文明礼仪素养的实践研究""小学科技特色学校创建与推动科技教育建设的实践与研究""经典诵读对小学生习作的影响

的研究"等课题都开发出了优秀的校本教材；"微笑课堂教学模式的实践研究"等课题也已结题。每年都参加省、市、区级教学比赛、论文评比、优质课展示、论文发表等，教研成果丰硕，构建"微笑课程"理念有保障。

4. 学校文化建设取得丰硕成果

学校初步形成了以"让校园的每个角落都充满微笑"为核心理念的学校文化体系。通过定期举办读书节、艺术节、体育节、科技节等活动，培养学生健康向上的兴趣爱好；通过宣传橱窗、校报、长廊、班牌和中国传统节日长廊，引导学生学习祖国传统文化；通过工会举办的文娱等活动形式，放松教师的身心。丰富的文化创新内容加上多元的展示方式，把学校的"微笑教育"理念渗透到了学校生活中，促进了师生的全面发展。

5. 办学理念和系统先进

经过多年的实践探索，学校的"微笑教育"理念和系统逐步得到发展和完善，形成了独具特色的办学模式，并且"微笑教育"特色办学模式日渐成熟。

第二章

特色理念的哲学思辨

一、"微笑"概念阐释

1."微笑"概念的基本定义

微笑本义指浅笑,不出声的、不明显的、自然的笑容。

微笑是一种健康心理的外在反映,是愉悦情感自然轻松的流露。它是一种表达方式,表示开心、幸福、乐趣等。

微笑也是最基本的礼仪,它应伴随我们度过工作和生活中的每一刻。无论对熟人还是陌生人,我们都应该以友好的态度对待。

微笑是人类传播情感和思想的手段,是人类的表情符号。

2."微笑"概念的文化内涵

跨文化研究表明,面带微笑是世界各地情感沟通的通用手段,是人类共有的乐观的表情符号。然而这个表情符号的背后,包含着深刻的丰富的内涵,并衍生出人类活动中多彩的"微笑文化"现象。

微笑传播作为一种符号建构,其地位和功能是由特定文化决定的。文化设定了使我们成为人,以及使我们微笑,使我们哭泣,并使我们感觉相互联系的因素。

(1)自信

微笑传递的第一个文化元素就是自信。这种心理活动表示,信自己也信他人,对当下的处境感觉舒适、可控。如果认为当下的环境是不舒适的、不可控的,产生的心理就不是自信的,而是慌张的。因此,微笑就是基于自信

的乐观表达，包括自信、自尊、自爱。微笑让我们能经受住挫折，乐观面对困难。

自信是微笑的前提，缺乏自信的人，是无法表达微笑的情感的，即使表达了，也是虚伪的微笑。因此，可以把自信界定为微笑的心理基础。

（2）友善

微笑传递的第二个文化元素是友善。这既是一种善良的心理趋向，更是一种亲和、友好的外在态度，这让我们形成了悦己悦人的情感境界和行为趋势。

基于友善的微笑，有利于建构和谐融洽的组织关系和相互认同的礼乐文化。换句话说，微笑传递的重要信息就是仁爱、包容的心理信息。说得直白一点，就是你对我好，我对你好，大家都好，能在一起玩得起来，共同成长进步。

（3）欣赏

微笑传递的第三个文化元素是欣赏。很难想象一个人能对着自己讨厌的人和事露出微笑。所以，欣赏也是微笑的一个基本心理基础。欣赏是尊重他人、鼓励他人的具体行为，是发现他人的优点和长处的基础。欣赏也是包容他人，淡化他人的不足的基础，这包括赞许、理解和关爱。

（4）乐观

乐观是一种处世哲学，是不论顺境、逆境都能从内心保持积极向上的精神，微笑面对，这是充满正能量的。

（5）智慧

"智"是大脑的分析能力，"慧"是人的道德品质。一个聪明伶俐且道德高尚的人，才是有智慧的人，才会有微笑的流露。

因此，欣赏和赞美就是微笑的动力，是一种主动愉悦他人，也愉悦自己的亲近行为。

"微笑"概念的文化内涵

3."微笑文化"的模糊特性

（1）快乐与微笑的关系

这是第一个常见的误区，必须理清思路。因为快乐所以微笑，这个好理解。但是，微笑是不是一定代表着快乐？答案是否定的。于是你会发现有时候微笑是在不快乐的情况下发出的。

为什么不快乐也能发出微笑？这才是微笑文化的"教育价值"所在。用乐观的心态，面带微笑地去迎接挑战和困难，相信世界终归是美好的。因此，微笑可以成为挫折教育的文化价值取向。

我们认为，微笑可以是追求快乐体验的努力和付出，结果如何不必介意。所以，追求快乐体验的过程，激发兴趣和对事物的愉悦感，就是微笑的教育价值所在。

（2）智慧与微笑的关系

这是第二个常见的误区。无论我们怎么看，怎么分析，微笑与智慧似乎都没有必然的逻辑关系。智慧的人一定是善于微笑的人吗？或者说，不经常微笑的人就没有智慧吗？硬要把微笑与智慧扯在一起，势必让人感到虚伪、做作，甚至恐怖。

这中间的逻辑点在哪里？在幽默、机智和风趣。一个人有很高的心智能力，能够化解生活学习中的不快乐，总能营造快乐的氛围，给他人带来快乐，他就是一个风趣的人、智慧的人。

二、"微笑教育"理念阐释

1."微笑教育"的概念（具象定义）

教育者用微笑的文化精神和微笑的科学方法开展教育活动，从而促进师生的人格素养、心智情商、个性潜能共同成长和全面发展，这样的特色教育系统就是"微笑教育"。

①策略：用微笑的文化精神和科学方法。

②过程：开展"微笑的"教育活动。

③目的：促进师生成长和发展。

④要素：人格素养、心智情商、个性潜能。

⑤性质：特色教育系统。

2."微笑教育"的特征描述（抽象定义）

微笑教育是一种特色教育。这是我们必须时刻牢记的，我们走的是特色发展之路，这是我们的选择。作为一种特色教育，它是普通常规教育的有效补充、定向提升和"基因重组"。

比如，特色农业、特色种植有嫁接和转基因，杂交的特色作物成长快、产量高、品质好。

"微笑教育"作为特色教育，它的特色在哪里呢？

"微笑教育"就是挖掘人类"微笑文化"的内涵，与常规学校教育进行"基因重组"，以获得新的高效发展的特色办学模式。这种特色办学模式更加优质、高效，有针对性和长期发展意义，能迅速激活全部的办学要素，使其发挥最大效能，促进学校快速发展。

"微笑教育"是一种新的教育思想，更是一种教育科学，它有完整的独特的系统。

3."微笑教育"内涵挖掘

（1）自信的教育

信任自己，信任他人，信任世界。一个发自内心的微笑，说明对当下的处境感觉到舒适、可控。微笑是基于自信的乐观表达，能经受住挫折，微笑迎接挑战。自信是微笑的心理基础，因而"微笑教育"源于自信。"微笑教育"的目的是让教育活动中的每一个参与者都能成为灵魂独立、自信的人。

（2）友善的教育

微笑包含友善和理解，意味着真诚和爱意，是一种亲和、友好的态度。基于友善的微笑，有利于建构和谐的关系和相互认同的文化。在友善的微笑中，欣赏、尊重他人，鼓励他人的行为，发现他人的优点和长处，可以说欣赏和赞美是微笑的动力，是主动愉悦他人也愉悦自己的亲近行为。一个友善的微笑传递了赞许、理解、关爱、包容。"微笑教育"沁人心脾，润物无声。

（3）和谐的教育

海纳百川，有容乃大。教育活动中的每一个人都能够尊重他人，尊重多元化，彰显个性又互相欣赏。和而不同是"微笑教育"的心理形态，是一种真正的最高标准的人生智慧。"微笑教育"就是要孕育一种和谐、多元、兼容并蓄的校园生态系统。这个温情、美好，充满人性智慧的生态体系需要用"礼乐文化"来构建，用平等与合作来推进。

（4）积极的教育

微笑教育就是要把教育对象培养成乐观、阳光、正能量，自尊、自爱、自信、自强的人。微笑教育是一种积极性教育，说到底，就是自我管理、自主发展、克服困难、追求进步，让我们的教育对象不论在顺境中还是在逆境中都能从内心保持着积极向上的态度，微笑面对人生中的各种挫折与挑战。主张精神激励，创新竞争、评价机制，是"微笑教育"的最佳策略。"微笑教育"注重施教者与教育对象在教育活动中的情感交流与心理发展，微笑教育源于心理健康教育，又超越心理健康教育，旨在培养学生良好的心理素质，呵护学生的情绪，使其形成积极向上的心理倾向。教师保持愉悦的心境去感染学生、激励学生。"微笑教育"的创新意义就在于教师释放爱，教会学生爱别人、爱自己。

（5）诗意的教育

微笑是人世间最美的语言，"微笑教育"是教育大花园中一朵曼妙无比的奇葩。当那蕴含着包容、理解、友善、灵性与智慧的微笑溢满美丽校园，长留在每一个人的心中时，教育达到了一种美丽的境界！"微笑教育"的目标将人导向高尚、有教养的道德境界。在这里，教师诗意工作，学生诗意成长，校园充满诗意，课堂散发诗意，生命辉映出诗意的光芒。

"微笑教育"内涵的挖掘

4. "微笑教育"的模糊观

作为一个新生的教育现象、教育理论和教育科学，"微笑教育"未来的道路还很漫长，很多问题要在办学实践中去探索解决。

同时，鉴于世界文明的多样性、全球一体化进程加快、科学技术日新月异、教育与社会各项事业的融合加速等大背景，"微笑教育"有很多的变化和发展空间。

因此，用"模糊思维"和"模糊管理"推进"微笑教育"发展十分重要。全面地、联系地、发展地看待"微笑教育"，抽象思维有时候比具像技术显得更加重要。注重师生在"微笑教育"中的感悟和体验，不纠结于教育系统和要素之间的边界认知。

"微笑教育"就是一个重体验、重外化的人类文化活动，不拘泥于精准认知。模糊观就是不确定性，这恐怕是"微笑教育"有别于其他教育特色的显著特征。当然，承认不确定性，恰恰就倒逼我们教育者要不断探索相对确定、可操作、较实用的科学方法。

模糊观，就是承认并悦纳主观性。这恰恰符合"微笑教育"的个性化主体理念，注重学生的主观感受。

模糊观，就是承认并关注比较性。通过比较找到认知和感悟，不能仅限于通过精准的数据和确定的策略得到结果。精准化不符合"微笑教育"的特点，心理和情感多数时候不能量化。

模糊观，就是承认并研究随机性。人的心理情感一方面来自内心，另一方面来自外部，受环境和事物的影响很大。所以，灵活多变、随机应变、即兴发挥、由此及彼等方法，可以被大量采用。

以上的模糊思维对于我们践行"微笑教育"尤为重要。大道至简，大象无形。

三、"世界微笑日"的意义

"世界微笑日"，是唯一的一个庆祝人类行为表情的节日。这一天会变得特别温馨，在对他人的微笑中，你也会看到世界对自己微笑。

1948年，国际红十字会将国际红十字会创始人亨利·杜南的生日（5月8日）定为世界红十字会日。这一天也是"世界微笑日"，人们希望通过微笑促进人类身心健康，同时在人与人之间传递愉悦与友善，促进社会和谐。

源自人类精神卫生愿景的"世界微笑日"发展到今天，已经突破了当初的设立初衷，变成了人类文明发展史上重要的符号。它对促进人类社会的和谐关系，传播和平与关爱的精神，减缓和解除人类的各种痛苦，提升人的精神品质，起到了不可替代的作用。

"世界微笑日"至少在以下几个方面为人类社会做出了重大贡献。

1. 挑战疾病

人一出生就如同地球上的动物一样，时刻与各种疾病战斗。人类生存的历史也就是一部为了生存而奋斗的历史。影响人类生存和生活质量第一位的因素就是疾病。目前，人类已知的疾病有1万多种，常见疾病有24大类，1000多个品种，其中精神心理类疾病有六大类几十种。

在与疾病的斗争中，微笑被当成是必不可少的、特有的治疗手段和治疗科学。

2. 应对灾难

世界上经常发生重大的自然灾害，战争不断。灾难和战争是人类文明发展的敌人。世界红十字会发扬救死扶伤的人道主义精神，带领全人类积极应对灾难和战争，为深陷绝望中的人们带来勇气和光明。所以，世界红十字会成为超越国度和政治的全球标志性大爱组织，其品牌印象和文化精神深入全世界人民心中。

可以把"世界微笑日"看作世界大战的产物，是人类对战争和灾难的反思和抗争。微笑，成为人类应对和抵御灾难的精神武器。

3. 拯救贫困

贫困和饥饿是当前人类面临的重大生存问题。据联合国粮食及农业组织报告，全球有近8亿人口处在常年饥饿状态。受饥饿困扰的人口主要集中在东非、拉美和加勒比地区。发展中国家营养不良率为12.9%，撒哈拉以南非洲地区营养不良问题居世界之首，平均1/4的人口得不到足够的食物。

全球的贫困人口有6亿左右，中国占1亿左右。中国的极度贫困人口几乎没有，饥饿人口不存在，但是一般性贫困人口占比较高。全球贫困人口的生存和生活质量亟待改善。"世界微笑日"也为人类战胜贫穷和饥饿提供了精神食粮和改革动力。

综上所述，微笑是一种国际礼仪，它体现了人类最真诚的相互尊重与亲近。人类围绕"微笑文化"开展的减缓痛苦、医疗康复、救助抚慰行动成为人类文明进程中的宝贵财富。"世界微笑日"在传播人类乐观情绪、美好理想和愿望方面有显著贡献，已经转化为人类社会的重要教育资源。

第三章

"微笑教育" 的前世今生

一、我国"微笑教育"的发展现状

1. 我国的"微笑文化"现象和历史

（1）最早的微笑表情

中国最早的可考的微笑表情，是甘肃天水出土的一件仰韶文化时期的人面塑像。换句话说，在新石器时代，我们的先祖就懂得用微笑传播情感。

最早的微笑表情

（2）最早描述微笑的文字

《诗经·竹竿》中的"巧笑之瑳，佩玉之傩"，描写了卫国公主许穆夫人与一群贵族女子在河边嬉戏的快乐时光，表达了思念家乡的情感。这里的"巧笑"应该是微笑。

（3）最早使用"微笑"一词的语句

"微笑"一词最早见于战国时期。楚国文学家宋玉的辞赋作品《登徒子好色赋》中，有"含喜微笑，窃视流眄"一句，用来描述见到美女时的喜悦心情。

（4）最早的"微笑文化"制度

周朝以后，鉴于"礼崩乐坏"的社会意识形态，儒家学者游说呼吁"克己复礼"，推动全社会的"制礼作乐"的形成。这导致远古时期到周朝的自然微笑有了"礼制"的约束，并赋予了"仁爱"等诸多内涵，形成了一套"礼乐教化"系统。"微笑"作为一种人类文化现象，第一次被"制度化、技术化、系统化"。换句话说，对"笑"有了很多规定。

从此，中国的上流社会步入"不苟言笑"的"智慧"表情时代。"乐感精神"在多数情况下都是与"礼仪""智慧"分道扬镳的，这让中华两千年的封建文明显得极其沉重，而失去了像法国人那样的诙谐幽默又时尚的气质表情。

（5）"微笑文化"的解放

直到五四运动以后，新文化运动改革了社会风气，作为社会意识形态符号的人的表情才产生了巨大变化。但是，灾难深重的中华民族在"微笑"传播上，一直是起伏不定、艰难前行的。这也产生了另外一个结果，就是中国的"微笑"传播变得多元而复杂，文化内涵更加丰富。

2. 现代"微笑教育"理念的提出和研究现状

我国是"微笑教育"理论研究比较晚的国家。最早是谁提出"微笑教育"思想，目前还无法查考。我们掌握的数据有以下这些：

1989年《早期教育》第1期发表了云南昆明市机关幼儿园蒋琼玉的《小议微笑教育》，首次提出了"微笑教育"的概念。杂志编后评论中倡导把各行各业的"微笑服务"精神引入幼儿园。

2000年《教育与职业》第2期发表了常州技术师范学校崔景贵的《学会

微笑教育》，第一次提出了"微笑教育"是一种教育力量的观点。

2002年《中小学管理》杂志第12期刊发了安徽省临泉县刘绍林、栾友兰两位老师的文章，题为"转变教育观念，开展微笑教育"。他们结合学校实际，对"微笑教师"和"微笑管理"进行了阐释。这是最早对"微笑教育"进行理论提升研究的案例。

2004年《辽宁教育》第Z1期发表沈阳市皇姑区岐山路第一小学祖松梅的《小学微笑教育研究》，系统地阐释了"微笑教师观"。这是对"微笑教育"其中一部分进行系统阐释的首例。

2004年《广西教育》第14期刊发了玉林市玉州区苗园中学推行"微笑教育"实践的专题报道。这是国内首例报道"微笑教育"实践案例学校，具有极其珍贵的研究价值。报道显示，该校的"微笑教育"着力点在"微笑课堂"教学研究上。

2005年《浙江教育科学》第5期发表了建德市新安江第三小学翁贤浩、李建辉的《实践"微笑教育"》一文，比较完整地描述了"微笑教育"的观点。

2009年《现代教育论丛》第7期发表了杭州师范大学教育科学学院刘文静的《微笑教育的若干思考》，系统全面地研究了"微笑教育"在办学中的实践应用。

2009年《教育理论与实践》第35期刊登了江南大学教育学院沈贵鹏的《教育，微笑的事业》，是教育界人士首次高度、精准、生动、凝练地表达对"微笑教育"的理解。

......

3. 全国"微笑教育"的实践情况

"微笑教育"10多年来缓慢发展，呈现出五花八门、缺乏主流、没有统一成果的态势，加上教育工作者在认识上的一些误区（认为"微笑"不需要教育，"微笑"不能成为教育管理的有效手段，"微笑"与应试教育和德育都不匹配等），导致我国的"微笑教育"发展形势混沌，各地的实践水平也参差不齐。

根据我们的不完全统计，目前我国全面推行或部分推行"微笑教育"的中小学至少有200家，实际数量或许要远超。一个不好的情况是，多数学校

的"微笑教育"都成了半拉子工程，成了"烂尾楼"。所以，我国的"微笑教育"实践道路十分漫长。

广西玉林市玉州区苗园中学从2004年起在课堂教学中大面积推行"微笑教育"，取得了一定的成效。它是我国最早实践"微笑教育"的学校。

天津市第一百中学自2006年开始，就以创建"微笑学校"为主题进行校园文化建设。

从2008年开始，重庆市大渡口区车家坪小学就在全校推广"微笑教育"，"今天，你微笑了吗？""微笑的你最美！""校园有你的微笑更精彩！"成为学校的文化符号。

山东德州市湖滨路小学自2011年起就提出了"构建微笑教育精品学校，成就健康快乐读书人"的办学理念。

广乐深圳园岭实验小学从2012年起推行"微笑教育"，从"微笑教育"的领导与管理、"微笑教育"的课程与教学、"微笑教育"的教师发展、"微笑教育"的学生发展、"微笑教育"的学校发展五个维度，开展教育创新。

2013年，北京市西城区四根柏小学推行"微笑教育"，办学理念是"微笑成为一种心态"。

2015年3—12月，浙江舟山市定海区在全区中小学开展了"微笑行动"主题教育活动。

山东济宁学院附属小学科苑校区以"微笑教育"为总领，以成就和培育"优雅、自信、阳光、幸福"的师生为目标，全面开展素质教育。校长王卫国提出了核心价值理念——"微笑教育"，即用微笑的教育成就教育的微笑。

此外，广西南宁市兴宁区中新小学、江西省南昌市爱国路小学、山东省宁阳县磁窑镇第二十中学、广东省中山市西区昌平小学、广东省佛山市顺德区伦教镇培教小学等学校，"微笑教育"实践都搞得有声有色。

纵观全国"微笑教育"的实践情况，二小是这一教育实践群体的标杆，当之无愧处在第一的位置。无论是理念的系统性研究、"微笑文化"创建，还是"微笑课堂""微笑课程""微笑德育""微笑管理""微笑校园"等教育空间，抑或是"微笑教师""微笑学生""微笑家长"等人本教育追求，二小都占有绝对的优势和龙头地位。上海教科所杨四耕教授等专家高度肯定二小的"微笑教育"办学特色。《中国教育报》、《南方都市报》、《广东青年报》、广东电视台现代教育频道等主流媒体，都曾全面报道二小的办学特色。

二、"微笑教育"的重大意义

中国学校开设"微笑教育"课程，践行"微笑教育"理念，让学生学会微笑，释放真诚、善念、友好很重要；让学生充满自信，用乐观的心态面对困难和挑战，用智慧和情商提升人生品质，十分重要；让学生用阳光心态、合作精神参与社会建设，营造民主、平等、明礼、和谐的氛围，尤为重要。

1. 当代社会价值观与"微笑教育"

我国是"微笑教育"理论研究比较晚的国家，并且其发展极为缓慢、艰难。中国人对"微笑文化"的"屏蔽"，与文明大国和礼仪之邦的身份极不相称。深层的原因有很多，但是教育对人类"微笑文化"的漠视甚至排斥是关键原因。

中国的教育过于沉重和严肃，这是五千年中华文明教化的"显著特征"。中国教育把德育放在首位，而在教育实践中又暗地里放松了德育工作。加上美育的缺位、体育的缺位，导致中国学生缺乏创新灵动，变为整体性"老学究"面貌。

中国教育人对"微笑教育"的认知十分欠缺，基本处在一个空白的地带，甚至有不少教育专业人士主观上对"微笑教育"产生怀疑，他们的理由貌似很充足——微笑还需要教育吗？

是的，微笑作为人类的一种本能的表情和心理外显，很多时候是不需要引导和激发就能自然流露的。从这个意义上说，微笑是不需要什么教育的，微笑也无须上升到教育层面来研究开发。然而，深入观察研究当今的世界发展和我国现阶段社会意识形态现状，我们不得不反问：难道微笑不需要教育吗？

在第28届心理学大会上，美国心理学专家琳达·卡姆拉斯在《中美儿童发展》一文中指出：3岁美国孩子的微笑要比同龄的中国孩子多55.6%。美国孩子比中国孩子爱笑，意味着美国孩子比中国孩子更快乐。一些中国专家认为，造成中国孩子微笑少的原因，与父母对孩子的生活大包大揽以及对孩子

的高期望有关。

美国河郡学院心理学与教育学教授卡罗尔·亨青格的研究表明，一方面，中国儿童发生内向孤僻、焦虑和社交问题的比例与美国儿童相比分别高出92.0%、31.3%和138.0%。另一方面，中国父母在易发怒程度上要比美国父母高出26.0%，在严厉程度上则要超出52.2%。

（1）微笑促进精神文明

随着改革开放的深入，我国物质文明达到了前所未有的高度，成为世界第二大经济体，但是我们的国民素质整体偏低，精神文明领域欠债太多，社会戾气很重，整个社会缺乏正能量和积极的精神文化。教育这块净土也不再纯净，诸如贪污横行、自私自利、尔虞我诈、为富不仁等不良社会因素已经渗透到学生中，金钱崇拜、沉迷网络等现象越演越烈。

（2）微笑需要教育，教育需要微笑

当前我们的教育存在的很多问题，大都与"不会微笑"相关。独生子女心理健康问题、青少年叛逆问题、熊孩子问题、社会过度苛责学校教育问题……导致我们的教育没有微笑，师生没有快乐。微笑真的需要教育、需要引导了。推动"微笑教育"实践对于培养高素质的公民，改善社会意识形态，推动精神文明建设有重大现实意义。

2. 中国传统文化与"微笑教育"

（1）儒家糟粕是微笑的"大杀器"

中国人不会微笑或者不爱微笑的原因是儒家学说在发展中产生的糟粕带来的不健康影响。比如，注重理性而压制感性，重天理而轻人情，追求庄重而忽视烂漫，玩味城府而耻笑淳朴，要求约束而压制释放，偏重保守而放弃开创……从小浸润在这样的环境中的中国人，自然很难真实且烂漫地微笑。

（2）历代统治者篡改儒家思想，产生糟粕

"原儒"（先秦儒家）才是真正的儒家，到了汉儒、宋儒、明儒，儒家思想很大程度上被篡改、兑水和异化了。换句话说，传统文化中尤其是儒家学说中的所谓糟粕，是因为随着朝代更替，统治阶层不断改造儒家思想体系，为统治服务而产生的。突出表现在对儒家精髓"礼乐文化"的篡改上，强调"礼制"，排斥和否定"乐化"。

（3）"原儒"对"微笑文化"有系统建构

"原儒"的礼乐教化是光芒四射的，对近似"微笑"的思想也有比较系统的建构。礼乐文化有两层含义：一为礼化，二为乐化。所谓礼化，就是人的外在行为规范的建立；所谓乐化，就是人的内在精神秩序的培育。礼化的意义在于维护社会秩序，乐化的意义在于培养内在的情感。

礼化和乐化是人之所以为人的根本标志，其中乐化这一特征的地位又高于礼化。所以，孔子认为，人成为人的过程是"兴于诗，立于礼，成于乐"。孔子的"礼乐"美学思想，将"礼"的内容赋予"乐"的形式，以乐求礼，以乐载道，以道育人。总之是"以礼修身，以乐感人"。

（4）礼乐文明是中国传统文化的核心价值

礼乐文明作为中国传统文化的核心价值，可以说是国家和民族保持永久魅力和活力，增强民族凝聚力的内在要求。只有社会有礼、人心和乐，才能成就新时代的礼仪之邦。

纵观古今中外，从孔子倡导"知之、好之、乐之"到陶行知的"儿童应该是快乐者"，从夸美纽斯的"教是使人感到愉快的艺术"到杜威的"儿童中心论"，先贤们无不在追寻教育的乐土，努力使教育成为一项"微笑的事业"，成为人们体验幸福的"温馨家园"。

可见，"微笑教育"的诞生和发展有其历史的必然性。

3. 创新人才心理素养与"微笑教育"

微笑，作为一所学校的教育表情和文化表情，究竟意义何在呢？泰戈尔说："当他微笑时，世界爱了他；当他大笑时，世界怕了他。"雨果说："生活就是面对现实微笑，就是越过障碍注视未来。"

教育是社会的精神高地，学校对社会文明起着重要的引领和净化作用。二小处在广州市开发区创业路上，这个区域是广州市对外开放、招商引资、鼓励创业的窗口和前沿。在这个区位背景下，要培养符合未来创新发展需求的人才，必须在乐观精神、抗挫折能力、创新能力、友爱互助、合作共赢等方面加大教育力度。

学校生源也多半来自这一地区创业经商的家庭，父母面临的压力和挑战相对于老城区要大很多。家庭教育对"微笑文化"的需求和渴望不言而喻。同时我们也要通过"微笑教育"，规避在这种家庭环境下生长生活的少年儿

童出现心理和情感上的问题，培养乐观向上、自信友善、团结互助的学生，成为家庭的渴望和要求。"微笑学生"或可成为欢乐家庭的幸福源泉。

因此，基于区域社会环境的要求，基于家庭对教育的诉求，基于我校生源结构的实际，基于我校的现有资源优势，大力践行"微笑教育"是我们必然的发展道路，对本校未来发展有重大意义。

让中国人重拾微笑，首先从学校做起。中国的中小学的德育课程有一个显见的缺陷，便是过于政治化，少人情、少生活，充斥着中小学学生难以理解并且丝毫不感兴趣的东西。怎么改革？设立"微笑教育"的课程，引导学生养成真诚微笑的习惯，减少警惕、冷漠、世故、早熟的眼神。德育从生活细节、人情世故教起，摒弃高大空的德育课程，让学生返回天然，归依纯真，摒弃敌意、诡计、势利和造作。

倘若如此，或许若干年后，我们会看到一个更多的天然微笑的社会。所以，"微笑教育"承担着非常重要的使命。

第四章

特色文化系统的构建

一、理念文化系统

1. 办学理念：今天，你微笑了吗？

"微笑教育"为学生的人生奠基，为学生的可持续发展服务，面向全体学生，关注每个人的发展。我们不仅要让微笑洋溢在脸上，更要让微笑的教育走进心灵、融入身体，绽放生命的精彩，使学生在品德、学识、体格、才艺、心灵等方面不断成长与进步。

基于上述学校教育哲学，我校提出了"今天，你微笑了吗？"的办学理念。这里，我们表明一种心态：自信地面对每一天！这里，我们关注一个过程：快乐地过好每一天！这里，我们强调一种结果：每一天都是收获的一天！这里，我们寄托一种希望：希望每一位二小人都拥有快乐的人生！

2. 办学目标："微笑教育"标杆学校

以"微笑教育"为引领，走内涵发展之路，把学校办成一所环境优美、和谐发展、特色鲜明、社会认可的品牌学校。

基于开发区的创业精神，推动师生创新思维和创新能力发展，"微笑教育"是主要的教育驱动力。

努力创办全国"微笑教育"特色实践标杆学校，广州市素质教育名校。

3. 育人目标：微笑少年（金的人格）

学校以"微笑教育"为指引，从品德、学识、体格、才艺、心灵五个方

面着手，培养绽放生命微笑的优秀少年。学校努力让每个二小学子都养成品性善良、聪慧好学、活力飞扬、才艺多元、阳光自信的人。

品性善良：纯真温厚、真诚待人、乐善好施。

聪慧好学：智慧质仁、乐学不倦、善思明理。

活力飞扬：朝气蓬勃、活泼有力、个性张扬。

才艺多元：自我提升、多才多艺、全面发展。

阳光自信：积极向上、坚信笃行、自强不息。

有没有更加具象的表述，更加生动的表述，更加直接的表述？——"金的人格。"这是我校余雪云老师的观点。

二、精神文化系统

1. 校训：乐知乐行、至善至美

在快乐中求知，在行动中感受快乐；在品德、学识、体格、才艺、心灵等方面日益进步、日臻完善；在可持续发展中做更好的自己。

2. 校风：乐观向上、激情绽放

我们的校园洋溢着创造的激情和进取精神，这是充满微笑的校园，师生怀着乐观的心，积极向上，用微笑绽放属于每个人的精彩。

3. 教风：乐教善导、妙趣横生

微笑不仅写在脸上，也需要贯彻于行动中，成为一种习惯。教师只有用心、用情，在工作中思变求新，乐于教学、善于引导，激活学生的兴趣和潜能，课堂才能生动起来，活跃起来。

4. 学风：巧学善思、其乐无穷

掌握学习的方法与技巧，善于思考，体会畅游知识海洋的乐趣，快乐成长，走好人生的起步阶段。

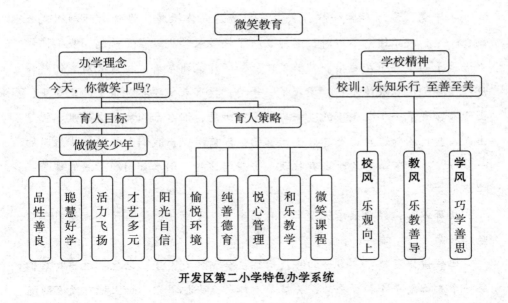

开发区第二小学特色办学系统

三、组织文化系统

1. 微笑学生（微笑少年）

学生在洋溢着喜悦的气氛中学习，舒展心灵，发展潜能，情智并举，建立积极的人生观、世界观，在小学阶段打好基础，始终笑迎生活、笑对生命，自信地走好每一步。

学生能从老师那里学得怎样微笑，将对其身心的发展产生积极影响。我们在给学生"减负"的同时，必须让他们学会微笑，让他们从微笑中去领会礼貌，面对挫折，增强自信，笑对人生。

那件事真令我沮丧

五（1）班学生　方　兴

菲利普斯曾说过："失败是成功之母。"可是，当一个人经历挫折时，无论如何都会气馁，甚至垂头丧气。那件令我沮丧的事虽然已经过去了一段时间，但是，我觉得像是发生在昨天，历历在目，记忆犹新。

"从七沟八梁的黄土坡走来……"这声音曾经敢与百灵鸟悦耳动听的叫声媲美，因为那里也曾有我的声音，而如今，听起来如针在刺耳，唉，经典诵读队又开始训练了……

一下课，我和往常一样，兴高采烈地跑向体操房，谁知老师却叫我先站在一边，我正迷惑不解时，老师又叫了许多人和我站在了一起，我们像被捉进笼子的小鸟手足无措。"够了吧！"老师们商量着，接着又对我们解释说："我们区赛成绩不错，荣获了一等奖，接下来就要参加市里的比赛了，由于人数太多……"剩下的我一句也没有听见，泪水如同决了堤的洪水涌了出来，我也不知道自己是怎么走回家的，眼前浮现出我们大汗淋漓排练时的一幕幕，有辛苦、有欢乐、有收获……想起这些，泪水如同断了线的珠子，唉……

从那以后，经典诵读队没有了我的声音，没有了，没有了，无论我怎么竖起耳朵去听，唉……

妈妈说得没错："多好的一次锻炼机会啊，失去了！记住：机会对我们每一个人都是平等和公平的，关键是看你怎么去把握它，世上绝对没有随随便便的成功……""三分天注定，七分靠打拼，爱拼才会赢……"随着这悦耳的歌声飘入我耳，我的心情豁然明亮了许多，轻松了许多，是的，努力做更优秀的自己。

天有阴晴，月有圆缺，同样生活也不可能时时处处顺心如意，它是七彩的、五味的、丰富的。经历了那件令我沮丧的事，我一下子成熟了、长大了，同时我也学会了笑对沮丧，更学会了勇敢地、积极地去面对学习、生活。

乐观自信的微笑学子

2. 微笑教师

以微笑的状态对待学生，要让学生感到真挚、谦和、亲切，以真切的情感走进学生的心灵深处。尊重、关注、欣赏每一名学生，以智慧和正确的方法引领学生向着更好的方向发展，并不断取得进步。

对教师来说"微笑教育"还是一种职业姿态，要求教师实现角色转换，从知识的传递者向知识的组织者转变。要选择、创造适合学生的教育方法、管理艺术，显示出良好的适应能力和发展势头。

师道尊严不是教师外表的尊严，而是教师内在的气质、品格、学识和外在的亲和力。

做微笑教师，让孩子健康成长

四（5）班老师　曾海清

"起始于辛劳，收结于平淡。"这是我们教育工作者的人生写照，在烦琐的工作中，如何让我们的心不疲惫？如何保持一份职业幸福感呢？最近读了一本书《做一个幸福的教师》，一个有教育幸福感的教师才会把这种幸福传递到孩子身上。幸福感源自什么因人而异，一份美食、一个信仰、一份友谊……但作为一名教育工作者，最大的幸福也许就是看到孩子们快乐的笑脸、健康的成长吧。

从教18年，教了几轮下来，才发现孩子们自有他成长的曲线，急不得、躁不来，于是，我变得愈发宽容、淡定，心平气和，发自内心的微笑变得更加真诚，教育因此变得幸福无边。因此，我个人认为：一个微笑的教师，一个友善、包容、懂得尊重学生的教师，才能让孩子健康成长。

可是，我们常常犯的错误是：忽视成长曲线，忽视个人差异，重复着揠苗助长的故事。

大家可能都听过这样一个故事《陪着蜗牛去散步》：

上帝交给人一个任务，叫他牵一只蜗牛去散步。

可是蜗牛爬得实在太慢了。人又是催促，又是吓唬，又是责备，可是蜗牛只是用抱歉的目光看着，仿佛在说："我已经尽力了！"

人又急又气，对蜗牛又拉又扯又踢。蜗牛受了伤，爬得越发慢了。

人真想丢下蜗牛不管，但又担心没法向上帝交代。他只好耐着性子，

让蜗牛慢慢爬，自己则以一种接近静止的速度跟在后面。就在这个时候，人突然闻到了花香，原来这里是个花园。接着，他听见了鸟叫虫鸣，感到了微风拂面的舒适。后来，人还看到了美丽的夕阳、灿烂的晚霞，以及满天的星斗，人才体会出上帝的巧妙用心："他不是叫我牵着蜗牛去散步，而是让我陪着蜗牛去散步。"

通过这个故事，我们看到"牵着蜗牛散步"与"陪着蜗牛散步"竟能产生两种截然不同的心境和效果！"牵着蜗牛散步"会让我们抱怨、指责和烦躁，而"陪着蜗牛去散步"让我们感到的却是诗意、浪漫和清新，就像夏日的清风，让人感到轻松和愉悦。

教育不也是一样吗？当遇到孩子教不会时，我们着急，嘶吼着、怒骂着，可是孩子呢？只会越发胆小，越发恐惧，越发不会学习。如果换个角度，当老师们站在珍视每个学生生命个体的高度去体谅、关爱他的成长，去保护他的自主发展时，师生之间的关系才是同心、同行的。这种关系会让学生感到一种鼓励、向上发展的动力。因为微笑，不仅仅是一个简单的表情，它更多的是体现内在——一个教师对学生的爱。

这让我想到了我们班上的一个孩子，父母的离异让他缺乏安全感，特别不自信，注意力也特别不集中。当时，学拼音学得很慢，写字也很慢，连续几次考试都不及格（不会，没有做完）。如果换作以前的我，会很着急，或许情急之下也会说一些重话。可是，这次我没有，因为我看到了他怯怯的眼神里写满了无辜，似乎在说："我已经尽力了。"因为我看到了他父亲和母亲虽然分开了却始终陪伴着他，一直坚持让他按照老师的要求读、记、写。当然，我更看到了孩子单纯的内心，他懂事有礼貌，做值日时特别认真。对啊，蜗牛就是蜗牛，小兔子就是小兔子。在童话世界里，小兔子固然机灵可爱，但蜗牛也有它的优点啊。于是，为了给他信心，刚开始的时候，每一次小考之前，我都悄悄先让他把试卷做一遍再参加班级考试，成绩出来了，有进步，就在班上大力表扬；开始听写时几乎都是空的，我陪着他订正、重听。后来他能写出的词越来越多了，虽然还是我们班最差的，但我还是告诉他：你已经越来越棒了。这个孩子有他自己的成长节奏，他没有放弃，家长也没有放弃，虽然爬得慢一点，但是有什么关系呢？我相信，只要他不厌倦学习，不丧失学习的信心，他的努力会由量变发展为质变。我的微笑给他带去了勇气，一年级学期末，他的语文考了92分，当听到这个分数时，全班学生兴奋地一起为他鼓掌。

拿着"陪蜗牛散步"的心情，用欣赏的眼光来看待孩子们，少一些功利，多一分耐心，即使是山谷里寂寞的野百合，也会迎来万紫千红的春天。

老师能做到心平气和了，学生家长却不行，"焦虑"是他们和我聊天时说得最多的词。一年级刚入学，孩子们就迎来了最难的拼音。想当初，我们五六年级了学ABC都困难，何况是一年级的孩子就要跟一堆的声母、单韵母、复韵母打交道。孩子们学得很慢，拼读也很慢，复习了很多遍，还是慢。家长就开始着急，觉得自己的孩子接受能力差，自己忙得前仰后翻了，还是没有起色，陷入了绝望之中，在家长群里各种吐槽，群风不正，充满了负能量。这个时候，我觉得该出手了。我批评他们的抱怨给孩子带来的不良影响，并告诉他们，孩子现在拼得慢是再正常不过的事情，拼音现在只需要认识，以后会不断地巩固，没有学不会拼音的学生！慢慢地，家长的抱怨没有那么多了，信心也找回来了。第一单元拼音考试均分88分，第一学期期末考试均分就接近98分了。孩子的学习是有过程的，我们要慢一点，等等他们。后来家长也慢慢体会到了，他们开始反思、尊重、关注、欣赏、期待，微笑面对孩子，心平气和地对待孩子，让我们慢慢来吧，教育这碗汤本就是需要文火慢炖才更有味的。

微笑是教育理念，是教育情怀，也是一种教育方法，更是一种教育过程。"微笑教育"，注视的是孩子的未来！

最后截取一段来自一位班主任的话，与大家共勉。无论成绩好坏，请想想：每个孩子都是种子，只不过每个人的花期不同。有的花，一开始就灿烂绽放；有的花，需要漫长的等待。不要看着别人怒放了，自己的那棵还没有动静就着急，相信是花都有自己的花期，细心地呵护自己的花，慢慢地看着它长大，陪着它沐浴阳光风雨，这何尝不是一种幸福？相信孩子，静待花开。也许你的种子永远不会开花，因为他是一棵参天大树。

微笑教师团队

3. 微笑班级

在班级文化建设中，把"微笑教育"作为主题，构建班级文化中的"微笑文化"主旋律，让班集体成为培养微笑学生的基本环境。

用微笑构建和谐的班级文化

一（2）班老师　邱静雯

捷克教育家夸美纽斯曾说："孩子们求学的欲望是由教师激发出来的，假如他们是温和的、循循善诱的，不用粗鲁的办法去使学生疏远他们，而用仁慈的感情和语言去吸引他们，假如他们和善地对待他们的学生，他们就容易得到学生的好感，学生就宁愿进学校而不愿停留在家里了。"

孩子每天在学校的时间超过六个小时，班级就是他们的家，老师就是他们的父母，他们最初的人生观、世界观、价值观从这里形成。因此，班主任应学会思考：到底想要教育出怎样的学生，培养出怎样的班级？这恰恰就是建设班级文化的核心问题。

我很确定，我并不想培养出高效冷漠的学习机器，而是想让他们成为温暖善良、有"人情味"的人，让班级成为一个友爱的集体。

"随风潜入夜，润物细无声"，杜甫的这句诗就是建设班级文化最好的理由。过去，追求班级的纪律性、班规的权威性成了班级文化建设的重点，作为只入职一年的新老师，我也没能避免这个错误，苦苦地追求一个"听话"的班级，结果并不遂人意。直到班里的一个学生改变了我的想法。

由于家庭教育没有到位，这个学生上了小学一年级仍常常表现得像幼儿园的孩子一样，想哭就大哭，生气了就冲出教室，我越是追着他，他就跑得越远，我只能停下来看着他，竟发现他也停了下来，躲在墙角偷偷看我，表情委屈而倔强，但小眼睛不停地在打量我。我瞬间明白了，嘴角露出了笑意，对他招了招手，示意他过来。他还是戒备地盯着我，我笑意更浓了，过了半分钟，他试探地走近我，喃喃自语说："同桌欺负我，我想妈妈了。"

曾经一度认为，高高在上的威严是作为老师最必不可少的"武器"，尤其是班主任，每天面对孩子的时间很多，总觉得缺少了距离感和陌生感，就像失去了震慑学生的法宝。而这件事情让我明白，只有赢得学生的信任，才能让学生服从管理。而我赢得他的信任，仅仅用了一个微笑。这个微笑有一种神奇的力量，在我和学生之间搭起了一座通向心灵的桥梁，让我们成为朋友、家人。

于是我更加确信，以微笑为核心的班级文化一定是温和而强大的，它更像是在山间盛开的莲花，沁人心脾却不张牙舞爪，以最舒服的姿态感染着每个人。同时它又强大而坚韧，以滴水穿石之力慢慢改造着每一个孩子。微笑只是一个表情，而当它升华为班级文化，就变成了一座看不见的桥梁，将每一个学生从狭隘的自我世界送到大爱的疆界。微笑是每个人的权利，是不同年龄、性别、地位的人都能做到的事情。最难得的是它有"传染性"，它将乐观因子传播到每一个角落，从个人到班级再到校园，到处一片和谐，这正是建设班级文化最好的结果。

我始终坚信，微笑的班级文化对班级的影响是巨大且深远的。

有一些班级，细微处总透露着一股躁动气息，成功时仰天大笑，旁若无人；挫折时垂头丧气，神色闪躲。不知不觉间，表情和言语都变成了攻击的武器，伤害了朋友亲人，也让自己狼狈不已。

有一些班级，它们的气质犹如一股清流，流过所有的挫折和荣誉，把困难当成磨炼，把成功视为意外惊喜，棱角都放在心底，打磨出最光亮的弧度去面对一切挑战。班里每一个人的内心一定都藏着一种坚定的力量，把这种力量乘以四五十倍，便是一个班级的最大底气和武器。

这种坚定的力量来自温暖的心，来自有趣的生活，来自对情绪的合理把控。之所以提倡以微笑为核心的班级文化，正是因为微笑有一种神奇的魔力。在这飞速发展的浮躁时代，它给了教育一种柔韧的坚持和静待花开的耐心。

这让我想起发生在班里的一件感人的事情。

班里有一位特殊的男孩，他先天残疾，每只手只有4根手指，品德课上我让孩子们互相认识，握手问好，他的同桌看见他的手后故做惊恐状，并且发出了嫌弃的声音，我当时是生气的，但努力抑制着情绪，对他的同桌说："你很幸运拥有这么特别的同桌，其他同学都没有这个机会呢，你不想多了解他吗？"

同桌犹豫了很久，伸出了手，我虽欣慰，但还是隐隐地担心。特殊是藏不住的，也不能置之不理，那不如大家一起来正视它。

于是我开展了"笑纳缺陷"的主题班会，主动展示了我自己身上的疤痕，告诉孩子们，每个人都有自己的缺陷，也正因为这些缺陷，每个人都是独一无二的，应该正确对待他人与自己的不同。此时"特殊"男孩的同桌站起来说："老师，就像我的同桌一样，他只有4根手指。"

另一个女生站起来说："可是他的数学一样考100分！"

此时班里个子最高的男孩子喊了一句："加油！"在他的带领下，全班都高兴地对这个"特殊"男孩高喊："加油！加油！加油……"从那以后，我再没有听过任何的嘲笑和嫌弃声。"特殊"男孩变得不再"特殊"，因为班里的所有人都从心底里认为，这真的没什么值得嘲笑的，因为每个人都不一样。

每个孩子生而向善，若不是感到不安和威胁，他们不会举起稚嫩的盾牌与全世界抗衡，而我们要做的，是给他们安全感，让他们卸下不必要的盔甲，完全融入集体生活。班级应该是学生学会生活、学会学习、学会合作的地方，不需要那么多的强权。不讲人情，人就会慢慢冷漠；不谈生活，人就会变得无聊无趣。日复一日，年复一年，孩子已经不晓得自己是否需要倾诉和宣泄了，这时候再强行灌输他们"理解和爱"是不现实的。

为此我做了不少努力。我要求大家每天微笑着向同学、老师问好。从班干部开始，每天管理纪律都必须用"请"字，提醒同学时要小声，注意言辞。班里的同学告状成风，我要求每个孩子来告状之后必须说一条对方的优点，以此来灌输他们"眼睛发现美"的道理……尽管事情琐碎，但能看到孩子们的进步，我还是由衷地感到高兴。

"微笑教育"是和谐、自信、诗意的教育。微笑不一定代表开心，但至少它代表着一种向上的心态，一个班级需要这种向上的心态。对"微笑"的认同，对"微笑教育"的自信是建立共同文化的基础，心之所向一致，才有微笑班级文化，才能将微笑的正能量一直传递下去。

4. 微笑社团

在社团组织中，一方面围绕"微笑文化"主题建设社团类型，另一方面开展丰富多彩的与微笑相关的社团活动，打造更多的微笑载体，如乐乐当家、校报、讲堂等。

微笑社团让孩子微笑每一天
六（4）班老师 郑 超

在"微笑文化"理念的指引下，我校非常重视微笑社团课程的建设，通过多年的探索和实践，微笑社团课程已经成为我校极具特色的亮点。社团课程重在动手实践和开拓思维，旨在培养学生的广泛兴趣，拓宽学生的知识视野，挖掘学生的潜能，让每个孩子在丰富多彩的实践活动中发现、施展自己的才能并快乐地成长。

围绕"微笑文化"主题，我校近年来建设的微笑社团特色课程主要有六大块：

语文特色课程：语言艺术、校园解说引导员、课本剧与戏剧社、妙笔生花小作家、普通话与口才。开设目的是全面开发学生的语言天赋、发展学生的语文实用能力。此课程的开设培养了一批批小朗诵家、小演讲家、小相声演员。每次的期末社团展演都博得学生的阵阵掌声，每次的校园十景解说都博得各路来宾的高度好评。

数学特色课程：智拼七巧板、妙移火柴棒、速算24点、巧填数独、玩转魔方等，着重培养学生的逻辑思维能力、心算速算能力和空间想象能力。由于做到早计划、有步骤、严要求，教学成果在每年的快乐数学节上得到了充分的展示，我校也成为首批"广州市小学数学游戏活动项目实验学校"（全市只有8所小学）。

音乐特色课程：合唱、民乐、舞蹈、葫芦丝、电声乐等。在每年的区市中小学生音乐才能表演赛中，我校屡获佳绩。葫芦丝和电声乐队多次站上广东少儿春晚的大舞台，《竹楼情深》获得了"2018广东少儿春晚"优秀节目奖。2018年6月，由二小主办，黄埔区摇滚乐协会协办，广东广播电视台和《南方都市报》提供媒体支持的"摇滚音乐盛宴，二小微笑前行"摇滚音乐会在我校隆重上演。我校的小苹果乐队、飞扬乐队、彩虹糖乐队在舞台上星光闪耀，嗨翻全场！这个流光溢彩的盛宴充分体现了二小"微笑教育"浇灌的艺术之花正姹紫嫣红地开遍校园！

美术特色课程：泥塑、篆刻、软硬笔书法、折纸、剪贴画、摄影、剪纸等。学校大厅、校园环廊、楼梯过道上到处有微笑学子们的各种优秀艺术作品，由艺术组主办的大型马勺脸谱比赛场面震撼。学校有三块艺术展板长期展示着孩子们的个人书画作品，每月更换一次，一个个小书画家在二小的微笑教育园地里茁壮成长。

体育特色课程：羽翼飞扬、乒乓球跳跃、快乐足球、卧虎藏龙田径、全力以赴武术、快乐轮滑等。我校是市羽毛球项目特色学校，从一年级开始抓起，在每年的区、市"市长杯"羽毛球比赛上屡获殊荣；武术队的小队员们多次参加黄埔区中小学武术表演赛和体育舞蹈比赛，均获得多项个人一等奖和团体一等奖的优异成绩，再次证明了我校"微笑体育"特色课程的实施卓有成效！

科技特色社团：小小科学实验家（生物、天文、化学、物理）的课程开展成效卓著，每年我校都会由校领导带队到北京参加全国小小科学实验家竞赛，获奖成绩在广州市名列前茅。

为了践行"微笑教育"，学校全力打造更多的微笑载体，全面搭建微笑舞台，发展学生的个性特长和生存需要，形成学校特色。以下丰富多彩而富有个性的活动项目，为学生张扬个性、施展才能提供了更广阔的舞台。

"乐乐当家"舞台是为孩子们准备的星光大道。对于孩子来说，或许他只会唱一首歌，或许他只记得一首诗歌，又或许他会写一手好字……但只要他愿意，二小"乐乐当家"的舞台就为他准备。给孩子一个舞台，还大家一个惊喜——这是"乐乐当家"的创办宗旨。"乐乐当家"以年级为单位，音乐节目有器乐演奏、唱歌、舞蹈、小品、讲故事、课本剧、相声等；节目从编排到上台均由家长或学生自己合作完成。美术作品展示有书法、绘画，学校提供专门展区，每月一更新。家长负责为孩子装裱作品、制作海报。"乐乐当家"的舞台是孩子的，舞台上下常常飘荡着学生们的欢声笑语，常常出现学生们享受艺术文化的身影。

"微笑六节"是一个全年布局的主题化、系列化、节日化的特色项目，旨在鼓励和培养学生展示自我、张扬个性、树立自信。孩子们在校园生活学习中感到"节日不断、快乐相随"，很好地为"微笑教育"培植了文化土壤。科技创意节（3月）、趣味数学节（4月）、多彩艺术节（5月）、快乐读书节（10月）、活力体育节（11月）、缤纷英语节（12月），丰富多彩的节日活动为孩子创设了展现自我、张扬个性的舞台。

"星星河"校报是宣传我校"微笑教育"思想，"今天，你微笑了吗？"办学理念，展示学校办学风尚和成果的"微笑文化"窗口。校报由学生题名，内容由学生、老师和家长撰稿，由老师们排版、编辑。每期17个栏目丰富多彩，夸夸我自己、艺术小明星、我想对你说、艺海拾贝、科技小达人等栏目充分展示了二小微笑学子的才艺多元、活力飞扬。

在"微笑教育"思想的引领下，我校"微笑文化"的建设已取得显著成效。微笑社团已成为我校"微笑教育"的主阵地，微笑六节、乐乐当家、星星河校报等微笑载体正承载着一批批二小学子朝着活力飞扬、才艺多元、阳光自信的优秀少年的方向飞翔！

5. 微笑家长

更新观念，调整心态，保持愉悦的心境，创造和谐的家庭氛围，给孩子宽松的成长空间，教育、感染、激励孩子，使他们洋溢激情、充满活力，健康快乐的成长。

树立家校共育观念，提高家长教子水平。家校共育，优势互补，协调发展，通过家长学校、家长论坛、亲子日等活动，创设适合学生发展的教育环境，促进学生身心健康、全面发展。

让我的爱伴着你

六（5）班家长　欧　飞

芳草萋萋的拓展空间里，剩下最后那位敢于承担、敢于担当的大队长，

孤独的身影一步一步地走远。

"回来，你快回来……"孩子群里带着哭声的呼唤一波高过一波。他们互相搀扶着、牵着手，眼里全是热泪，有些孩子开始哭出声来，眼泪在晒得黑红黑红的脸庞上闪耀着星星般的光亮，刹那间闪了我的双眼。拿手机抓拍的手连同我的内心微微发抖，真切的情感在人体最原始的情感世界里悸动。取下墨镜，我偷偷拭去眼里模糊的泪水，继续抓拍着每个感人的神情……

"如果这是我们的亲人，看着他默默地远去、离去……也许是最后一面，也许再也见不到他……"

也许孩子们对生离死别没有太多的概念，但是对于甘苦与共、患难之交一定通过刚才的集体拓展环节有了最真切的体会。你在坚定地承担起全班的责任勇往直前，不抛弃不放弃的同时，成就的不仅仅是自己，你已经给天地万物一个最美丽的答案。你就是人生战场上永不撤退的勇士，绝不会再做困难的逃兵。你就是集体的精神支柱，你就是一盏同学们心中的导航灯，照亮前进的方向，让集体拥护你、支持你、配合你，团结在你的周围，紧紧手挽手、肩并肩，让不犯规的机会在不可能的可能中迸发出来，让人学会在夹缝中顽强地生存，这是一种多么可贵的勇气和力量。

我亲爱的孩子，我始终教育你，做一个对社会有价值的人，而不是家庭，家庭是一个小家，集体、社会、国家才是一个大家。成长为一个强大的人，拥有内心不凡的意志力和耐力，这是心灵成长的过程。人的一生，不可预计命运会在哪个急转弯的地方跟跟跄跄，即使跌倒，即使失败，我们依然要做好最坏的打算去坚韧地迎接下一个出口。哪怕是匍匐前行，含着泪也要爬过去。

我的孩子，当我将你紧拥入怀时，不知道这中间又隔了两个春秋。知道你需要释放，我只是紧紧拥抱，只是轻轻拍着你的后背，让你有片刻时段将认知、将情感、将感动、将感恩、将课程的知识、将心里的体会，慢慢输入大脑："妈妈，我爱您！我真的很爱您！"

"孩子，妈妈也爱你，成长是一个慢慢成熟的过程，你要做一个敢于承担责任，对社会有价值的人。这是妈妈对你说得最多的话……妈妈平时说你比较多，你现在懂事了，才知道妈妈不容易，所有的关心，所有的呵护，都是因为妈妈爱你。"

女儿递给我一个亲吻作为所有语言的回答。这一刻，我突然热泪盈眶，早就知道自己是个不太容易被感动的人。在记忆中，我每次趁她睡熟的时候，才能偷偷吻一下她的额头。如果是醒着的，她甚至要闹着跟我打架，都不会让我"得逞"。孩子大了，好像和我越来越疏远了，我倒是挺怀念她小时候我抱着她的时光，总禁不住亲亲她的小脸蛋。而在这一刻，我明显感觉她一下子长大了，懂事了，因为她比我高半个头，倒突然觉得自己像个孩子一样知足地在心里乐开了花。

也许我天生是个极度容易满足的人，当分享会开始的时候，我不管不顾地站在几百人的大圆圈中去，分享我那一刻的心情。

"梅花香自苦寒来，宝剑锋从磨砺出。亲爱的孩子们，我这一刻很感动！我相信所有的家长都跟我一样感动。当她抱着我，哭着说爱我时，我觉得特别幸福。同时看到这么一个有凝聚力和向心力的集体，他们敢于拼搏，敢于承担责任，始终放他人利益、集体利益于个人利益之上。我感觉到新一代人的精神面貌，不抛弃不放弃。人生路上困难重重，更需要有一种精神一直推他们前行。我们做家长的只负责陪伴、引导，给他们更多的支持和爱，让他们自由地生长，让他们自由地开花，长成国家的栋梁，散发他们独有的芬芳！"

每一次不管成功还是失败，我始终有一股尝试的勇气，这是我带给女儿的精神力量。当被抽到上台比赛跳舞时，我亦是勇往直前，我所做的，是我能做的，是勇气，是尝试，是经历，是不怕失败。做一个母亲，自己的孩子，不管是优秀也好，淘气也罢，都是童真，都是孩子的天性，给他们一个表率，给他们一个成长的平台，让他们长成他们自己想要的样子，就是自己一生最得意的作品。让这份作品慢慢在校园里求知求学，砥砺前行；在社会上跌宕起伏，越挫越勇；在生活上成家立业，家庭和睦……始终要哭着挥别自己的作品，画上句号。一生很短暂，但是陪伴很长情，很暖心。我只想说，余生，让我的爱一直伴着你，我的孩子！

六年小学求学，很快要画上一个句号，感恩所有的遇见，感恩学校，感恩老师，感恩同学，感恩教练，感恩亲人的相亲相爱。人生的每一次相遇，每一次别离，每一次成功，每一次失败，每一次伸手，每一次接纳，都是

一种不可复制的成长经历，继续前行。这一本人生的书，都需要你们亲手绘制，童真、友情、快乐、上进是你们这个阶段的代名词。愿你超越生活的俗尘，在知识的海洋里扬帆起航。让青春让梦想随风起舞，将来做个对社会有价值的人。永远爱你的妈妈。

6. 微笑社区

在家校活动基础之上，拓展与社区街道以及相关社会服务部门的合作，开展社会小义工、小志愿者服务，把校园微笑精神传播到校外，影响周边的社会。训练师生在不同社会环境中表达微笑的真诚和能力，让学生树立参与社会的自信心。

四、课程文化系统

（一）微笑课程

践行教育理想的土壤是什么？是文化。践行"微笑教育"的理想是什么？是"微笑文化"。培育"微笑文化"靠特色课程和活动项目，其中特色课程是营造和生成微笑文化的主阵地，也就是开展"微笑教育"的主阵地。所以，校本化是特色办学的核心工程，最能体现特色的就是校本课程。换句话说，看一个学校的办学模式的特色，主要看校本化程度和质量水平。

在"微笑文化"元素以及"微笑教育"内涵中，哪些适合开发特色课程，哪些适合做活动项目，是需要在实践中探索研究的。这些年，二小在全面推进课程建设的过程中凸显了如下四大特色课程。

1. 生命课程

二小的生命课程教学体系。

课程理念：

用生命温暖生命，绽放生命的微笑。

教学目的：

① 引导学生认识生命的发生现象和发展规律，树立科学生命观。

② 帮助学生掌握生存技能，形成珍爱生命、保护生命的意识。

③ 帮助学生建立生命与自我、与他人、与社会、与自然的和谐关系，形成健康安全、积极向上、快乐有尊严的生活态度。

④ 引导学生感悟人生价值和意义，追求人生的理想。

具体要求：

① 认知与技能方面。认识和了解生命的特征和规律，认识生命的可贵，掌握爱惜自己和他人生命的方法，掌握有关生命安全、生命干预的技能，明白群己关系以及社会公德的重要性，熟悉与他人相处的法则。正确认识自己对于人类的意义，掌握生态保护的知识技能。

② 情感态度与价值观方面。不断进行生命的自我体验和反思，欣赏和热爱自己和他人的生命，珍惜生命的存在，期盼生命的美好，体悟生命的意义，并且把对生命的关爱，惠及自然、民族和国家，具有人类情怀和正义感。

③ 行动与表现方面。积极乐观地生活，与他人健康交往，勇敢面对挫折和困难，不伤害自己和他人生命，尊重所有生命的多样性和生存权利。能够在人与人、人与社会的和谐中正确实施自己的行为和活动。

主要内容：

①健康教育、安全教育、心理健康教育、性健康教育、环境教育、防艾防毒教育、生命价值教育、死亡教育。

②了解生命的诞生、成长、发育的特点，树立正确的生命观；掌握健康生活、安全生活的常识和技能；养成健康的生活习惯和良好的学习习惯；学会尊重、交往、合作，形成积极乐观、开朗的性格。

注意事项：

课程设计重心低、形式灵活、内容实；有知识的认知，也有技能的训练，更有情感体验。

《学会控制情绪》教学设计

【课程背景】

当今社会生活、学习等方面的压力大，学生难免会出现一些心理问题。而儿童期是个体认知、个性、情绪调控能力、意志自制力与坚持性等心理品质迅速发展的时期。这个时候的孩子受环境、家庭变故、周围的人对其一贯的看法等影响，会无法控制自己的情绪，不能正确认识自己。人要控制自己的情绪不是一件容易的事，四年级学生的思维方式正从具象思维向抽象思维过渡，可以进行比较复杂的分析，分析问题时开始确立"自己"的位置。本节心理健康教育活动课就是针对四年级的学生不易正确控制自己的情绪这一心理现象设计的，引导学生在不同情境中控制自己的情绪，不让过多的负面情绪影响自己，同时能够做到正确地评价自己，正视自己的缺点，发扬自己的优点，培养健康的心理品质，不断完善自我，散发自己独特的个人魅力，为成功奠定基础。

【教学目标】

1. 认识、体会、表现人类常见的各种情绪。

2. 初步学会调节情绪，使自己经常拥有快乐的情绪。

【教学重难点】

1. 让孩子从小逐渐认识自己，认识自己的情绪，并初步学会调节，使自己经常拥有快乐的情绪。

2. 让孩子在轻松、愉悦的氛围、情绪中认识、体会、表现一些常见的情绪，如喜、乐、怒、哀、惧。

【教学方法】

游戏法、表演法、情境教学法。

【课前准备】

多媒体教学、实物、图片等。

【教学过程】

一、课前谈话：抬头看向窗外，天气晴朗，蓝蓝的天空，校园里一片新绿，老师心情很舒畅，那么同学们今天感觉怎么样呢？

（高兴、紧张、害怕、快乐……）

二、游戏导入，体会情绪

我们先来做个游戏——击鼓传花。小组进行传花，先把花放在第一组第一个同学处依次向其他同学传，音乐停止后，花在谁手里谁就得表演节目。

（采访：表演了节目和没表演节目的同学分别感觉如何）（学生得到了失望、兴奋、喜悦等各种情绪体验）

三、认识情绪

1. 采访：访问此刻学生的心情怎样

根据学生回答进行板书，指出这就是情绪。（板书：情绪）

2.情绪

生活中有各种各样的情绪，老师经过仔细观察，把这些情绪都拍摄下来了（课件逐一出示带有各种情绪的人的画面，带声音）：高兴、伤心、生气、害怕、烦恼。

提问：他的情绪怎样？（高兴）

从什么地方看出他很高兴？（板书：表情、动作、声音）

想象一下，他为什么这么高兴呢？

逐一出示图片，再辨情绪。从什么地方看出他的情绪？想象一下为什么会有这种情绪。

3.你还能列举出其他情绪吗？（愤怒、紧张、难过、好奇、兴高采烈）

四、体验、表现情绪

1.游戏一：摸礼物

老师今天带来了两个盒子。有几件礼物送给大家，要你自己用手伸进盒子里去取。（两个盒子，分别请两位学生上去取）

（盒子一：小鸭；盒子二：空的）

体验情绪：你想知道里面有什么礼物吗？

预设：好奇的情绪、着急的情绪、手伸进盒子之前紧张的情绪、期待的情绪。

手触摸到礼物时疑惑、紧张或害怕的情绪，兴奋的情绪，拿出礼物时"高兴或害怕"的情绪。

边教学边采访，此时的情绪怎样？他们在取礼物的过程中，体验到了各种情绪。

五、情境表演

1.以小组为单位，根据所提示的内容，排演心理情景剧。课件出示提示内容：

当遇到以下情况时，你会有怎样的情绪，会怎么做？

（1）当你的妈妈来学校看你的时候。

（2）当你想去同学家玩，妈妈却没有同意的时候。

（3）当你考试拿到好的成绩的时候。

（4）当你考试考砸了，父母批评你的时候。

（5）当你在付钱时，发现自己没带钱的时候。

操练三分钟左右，让二组和三组的学生上台表演。表演完后，老师对学生进一步引导——如何在生活中保持快乐的情绪，抛弃不好的情绪。

六、情绪引导

情绪原来有许许多多，那么，你希望经常拥有哪一种情绪呢？（快乐、高兴等）我们也来谈一谈快乐的事吧！

老师先举例自己的一些快乐事情，如收到小礼物，得到朋友和家人的关心和爱护，买了一本好书等，引导学生畅所欲言，讲出自己生活中值得高兴的事情。

七、小结

生活中难免会遇到不顺心的事，关键是看你如何去面对，如何让自己保持快乐的情绪。

老师为同学们准备了一个垃圾桶，知道是用来干吗的吗？老师希望同学们把所有的坏情绪都扔到垃圾桶里，把好情绪留在心中。

最后，我们齐唱一首歌：《我们都是快乐的人》。

2. 礼仪课程

编写了《小学生文明礼仪》校本教材，每年级一册，共8课时，上下学期各4课时，相当于每月一课。其课程结构包括"礼仪小使者、礼仪活动、礼仪链接、礼仪实践"等板块，形式上有图画、歌谣、童话、故事等。

分类上，进一步优化、细分：

校园常规礼仪（课堂礼仪、少先队礼、活动礼仪、师生礼仪）、社会交往礼仪（家庭礼仪、社交礼仪、交友礼仪、场合礼仪）、生活行为礼仪（穿着仪表、餐桌礼仪、个人言语举止养成）、庆典活动礼仪（启蒙礼、成人礼、开学礼、散学礼、毕业典礼、校庆礼仪、升旗礼仪）。

《与同学相处的礼仪》教学设计

一、教学内容分析

本课是以学校的"微笑德育"研究课题为依托，以全校各年级学生开展的礼仪教育为基础而设计的德育校本课。本课从身边的故事引入，从学生身边的小事引发思考，再迁移至生活和社会的各个方面，从而让学生体会讲礼仪的重要性以及知道如何实践礼仪之道。

二、学情分析

本课设计的内容适合四年级至六年级学生的认知特点。学生在日常的生活中无时无刻不涉及讲礼仪的问题，讲礼仪能让大事化小，小事化了，从而构建和谐班级、和谐校园。本课的设计注重生活性、综合性和开放性。以儿童生活为课程基础内容，以丰富的体验活动为教与学的基本形式，关注儿童的自身体验和个性表现。

三、教学目标

认识讲礼仪是传统美德，从生活中了解礼仪之道，会用礼仪之道与同学相处，会用赏识的眼光看待班级同学。

四、课程资源整合

媒体资源、动态资源、学生资源。

五、教学准备

学生准备：收集关于生活中和谐的人和事。

教师准备：课余时间指导学生收集资料。

六、课时安排

1课时。

七、教学过程预设

（一）初识礼仪

教师活动预设：

1. 师：话说我昨天经过三楼饮水间，看到这样一幕。（播放学生视频表演）随着一阵悠扬的铃声响起，下课了，两个同学飞快地跑到楼下饮水机旁。天气很热，大家都想早点喝到水，可就在前面的同学喝完水后，一个不小心，踩到了后面同学的脚。后面的同学可不是一盏省油的灯，他马上冲上去给了他一拳，前面的同学也不甘示弱，猛扑上去，双方扭打在一起……一场校园大战就这样上演了。

2. 如果你是前面的那个同学，挨了一拳，你的心情会是怎样的呢？如果你是后面的那个同学，脚被踩了，你的心情又会是怎样的呢？请说一说。（换位思考）

3. 师：是呀，同学之间有了矛盾，都不会开心，这就要求我们在与同学

相处的时候一定要讲礼仪。周老师这节课就讲讲与同学相处的礼仪。（板书课题）

学生活动预设：

1. 看视频。

2. 换位思考，角色体验，从而体会到讲礼仪的重要性。

（设计意图：从学生的实际生活出发，让学生切身体会到换位思考、讲礼仪是与人和谐相处的关键。）

（二）明礼仪

教师活动预设：

1. 同学们想想，同学之间怎样相处才会快乐呢？（四人小组交流）然后请小组代表汇报。（板书）

2. 通过刚才大家的回答，我们可以概括出以下几种方法。（幻灯片出示：①与人为善；②主动帮助别人；③不在背后议论别人；④不搞恶作剧，不给他人起绰号。）

3. 这就是与同学相处的礼仪。

学生活动预设：

1. 小组交流同学相处的方法。

2. 谈感受。

（设计意图：通过交流让学生理解讲礼仪会让同学之间相处得很快乐。）

（三）行礼仪

教师活动预设：

1. 哪些行为是缺乏礼仪的呢？（课件出示图片）

2. 同学在一起是快乐的、开心的，可是有时也会发生一些小摩擦，就像刚才那两位同学。同学之间有了摩擦该怎么处理呢？谁能用刚才学到的礼仪让两位同学快乐相处。（换位表演）

3. 师小结：大家看看，讲究礼仪可以巧妙化解危机，真好呀！

学生活动预设：

1. 评哪些行为是讲礼仪的行为，哪些不是。

2. 学生换位表演，互相体会讲礼仪的重要性。

（设计意图：从学生的实际生活出发，让学生切身体会到换位思考，理解宽容、讲究礼仪会让同学之间相处得很快乐。）

（四）习礼仪——夸夸我们班的礼仪之星

教师活动预设：

1. 师：在我们班，有些同学讲文明、懂礼貌，别人心情不好的时候他会及时安慰；同学有困难的时候他会第一时间给他人送去温暖，他们就是我们班的礼仪之星，现在我们来夸夸他/她，并说说他/她曾经做过的让你感到温暖的事。

2. 师：你想用什么方式表达你的感谢。（握手、拥抱、鞠躬，让他感受到你对他的感谢。你要对他说什么？）

3. 师：曾经，你似乎伤害过他人。现在老师给你一个机会，让你对他说声对不起。

学生活动预设：

1. 夸夸我们身边的礼仪之星。

2. 感谢同学的帮忙。

3. 向曾经伤害过的同学表达歉意。

（设计意图：榜样的力量是无穷的，通过夸夸礼仪之星和表达歉意的方式，让学生做一个知足感恩的人，让礼仪之花绽放在校园的每一个角落。）

（五）听故事，总结提升

教师活动预设：

1. 师：双手如果用来互相帮助，手心与手心传递的将是无与伦比的温暖；如果用来伤害，心灵与心灵之间感受到的将是难以言表的痛楚，而且这种伤害就像是钉在木桩上的洞一样，永远无法消去。请看故事《钉子》。

（有一个男孩，与同学相处时，脾气很坏。于是他的父亲就给了他一袋钉子，并且告诉他，每当他发脾气的时候，就钉一根钉子在后院的篱笆上。第一天，这个男孩钉下了37根钉子。慢慢地，每天钉钉子的数量减少了。他发现控制自己的脾气要比钉下那些钉子来得容易些。父亲告诉他，现在开始每当他能控制自己的脾气的时候，就拔出一根钉子。一天天过去了，最后男孩告诉父亲，他终于把所有钉子都拔出来了。父亲拉着他的手来到后院说："你做得很好，我的好孩子。但是看看那些围篱上的洞，这些洞永远也不可能恢复了。就像你和一个人吵架，说了难听的话，你就在他心里留下了一个伤口，像这个钉子洞一样，无论你怎么道歉，伤口总在那儿。要知道心灵上的伤口比身体上的伤口更难恢复。"）

2. 师：看到这里，你想说什么呢？

学生活动预设：

1. 观看视频。

2. 谈感想。

（设计意图：激发学生向更高、更远的目标畅想，达到情感升华，达成本节课的目标。）

（六）总结提升，布置礼仪作业

教师活动预设：

1. 与人相处是一门学问，更是一门艺术。我们班的每名同学都生活在这个温暖的班集体内，时时刻刻都在与人打交道。我们应该倍加珍惜，学会与同学友好相处。等到你们像周老师这么大的时候，你们才会发现，只有同学之间这份情是永远让人难以忘怀的，它就像一杯甘香的清茶一般，让人回味、韵味悠长。

2. 布置礼仪作业：开展主题为"我是礼仪小天使"的实践活动。

学生活动预设：

1. 观看图片，体味同学之情。

2. 完成礼仪作业。

（设计意图：讲礼仪不只存在于课堂之内，更重要的是落实到平时的实际活动中，让每个学生都行动起来，把礼仪的花朵撒向校园内外。）

（七）教学反思

讲礼仪是我校的校本课程，同时也是全社会对每个学生的希望。本课重在让学生了解与同学相处的礼仪，我们从校内到校外，从行为到感想，从外化到内化，使学生感受到了讲礼仪带来的美好。教学时以图片、音乐、故事、视频、资料交流等方式引入，展现的都是学生生活中的问题，从而激发了学生的兴趣，让学生不仅知道了同学之间怎样相处才快乐，更明白了如何讲礼仪，以及怀着一颗感恩的心去感谢身边的同学。使思想的认同落实到指导行为实践，这才是礼仪课的真正意义所在。

3. 自信课程

把普泛的心理健康课程聚焦到培养自信心和抗挫折能力上。自信课程主要以活动体验为主。

"展翅翱翔，自信飞扬"主题班会设计

【设计背景】

自信犹如催化剂，能把人的一切潜能更好地激发出来，使人在体力、智力、处事能力等各方面的积极性、主动性得以充分发展。埃里克森的人格发展八阶段理论指出：小学阶段是儿童的学龄期（6～12岁）阶段，其发展任务是获得勤奋感，克服自卑感，体验能力的实现，积极的成果是创造力发展和掌握技能。由此看来，学龄期阶段是播种自信种子的最佳时期。但是，作为五年级班主任的我发现，到了高年段，部分学生虽渴望得到老师、父母、社会的认同，却由于对自己的优点不明确，且非常在意他人的看法，容易形成情感的敏感期，主要表现为做事瞻前顾后、胆怯、自我效能感低，而且应挫能力不强等。针对以上出现的问题，我将面向五年级学生召开一节题为"展翅翱翔，自信飞扬"的主题班会课，以期帮助他们正确认识自身的优点，提高自我效能感，增强其应挫能力，让他们树立起能积极生活的信心。

【班会目标】

1. 通过游戏体验，打破自我效能圈圈，初步感受自信的重要性。

2. 通过交流分享，正确认识自身优点，提高自我效能感。

3. 利用互动式情景剧，正确看待事物成功与失败的两面性。

4. 借助榜样的力量，提高应挫能力，树立积极生活的信心。

【活动准备】

课件、家长说子女优点的视频辑录、游戏活动道具，引导学生提前排练情景剧、收集榜样的故事。

【活动过程及设计依据】

视频导入

实施方法：

1. 播放视频《小东的懊恼》（视频概述：数学课上，小东认真听课，成了全班第一个解答出数学难题的学生。当数学老师提问时，小东却因为看到

班里没有其他同学举手回答，担心自己回答错误会遭到同学取笑，而错失机会，最终他看着其他同学回答正确后得到了表扬，感到十分懊恼。）

2.说一说：看完视频，请你说说小东懊恼的原因。

设计目的：

引出班会主题"展翅翱翔，自信飞扬"。

一、蒙眼越障，初悟自信

实施方法：

1.在教室活动空间放置多个障碍物，给挑战的学生一分钟时间记忆和尝试跨越，然后蒙上该生双眼，并悄悄移走障碍物，让学生继续跨越。

2.说一说：邀请"挑战者"谈体会。

设计目的：

通过寓教于乐的游戏形式，引导学生通过体验感受到只有跨越内心设置的障碍，自信前行，才能快速通关，强化其对自信的认识。

二、优点轰炸，自信蓄能

实施方法：

1.以四人小组为单位，引导学生在组内轮流做"优点轰炸机"，数一数组内其他三个同学的特长、优点，直至四人均被"轰炸"过即止。

2.说一说：刚才同学指出你的特长、优点，有哪些是你原来不知道的，并谈谈你的感受。

设计目的：

通过发挥同伴的作用，让学生从"数特长、优点"的过程中获取更多的肯定与赞美，加强对自身优点的认识，以期提高自我效能感。

三、情境互动，重拾自信

实施方法：

由五个学生表演情景剧《助小东重拾自信》，剧中借助人物"小东"分别展现出学生日常生活中容易缺乏自信应对的事情，如课堂回答不自信、舞台表演不自信、交友不自信，以及受挫后不自信等，让"观众"随剧情发展出谋献策。

设计目的：

借助能够互动的情景剧的"布白"，引导学生"补白"，助其通过自我教育掌握获得自信的途径与方法，使其能够直面失败。

四、榜样助力，展翅翱翔

实施方法：

1. 提出思考

（1）如果没有了四肢，你能游泳、打高尔夫、骑马吗？（出示尼克·胡哲的经历）

（2）如果你已经失败了上千次，你觉得你还可能成功吗？（出示爱迪生的经历）

设计目的：

借助榜样的人生经历，明白生活中既有顺境，也有挫折，引导学生从榜样积极乐观的生活态度中明白直面挫折的重要性，同时，引导他们从榜样身上汲取力量，进一步树立起积极生活的信心。

五、学有所得，自信飞扬

实施方法：

1. 学生小结。

2. 教师出示与自信相关的名人名言，做小结。

设计目的：

通过学后小结的形式，帮助学生进一步提炼出与自信相关的内容，促其进一步内化。

4. 感恩课程

学校独生子女占九成以上，普遍缺乏感恩情怀和行为，容易以自我为中心，忽视集体和他人。因此，感恩教育是推动和激发"微笑教育"的良好基础，不懂得感恩，就没有真诚的微笑。

感恩是一种生活态度、一种美德，是做人的基本修养和道德准则。对于广大少年儿童来说，感恩并不是简单地回报父母、老师的教养之恩，它更是一种责任意识、自尊自强意识和健全人格的表现。但是，当代的学生大多数是家庭的中心，凡事都先想着自己，甚至认为父母、老师、社会给予自己的关心都是理所当然的，学生普遍缺乏感恩情怀与感恩行为。因此我校积极开展了《心怀感恩》校本课程研发。

《心怀感恩》校本课程根据学生的心理特点、生理特点和学生知识而编写，分为三卷，每卷八个单元，每单元一个感恩主题，如感恩祖国、感恩学校、感恩父母、感恩老师等。每个主题又分为两个活动方案，即一个年级集体活动方案，一个班级特色活动方案。此课程从一年级新生入学时就开始，会分散到每个学期去学习和实践，直到小学毕业典礼上完最后一节感恩大课堂，学生带着无限感恩的心走出二小，走向高一级学校。感恩大课堂是我校《心怀感恩》校本课程的特色课之一，每学期定期开展，以年级为单位上课，课堂围绕一个感恩主题，老师创新课堂形式，让学生在课堂中更深刻地理解感恩，并学习如何付诸实践。

《心怀感恩》校本课程从感恩他人到感恩社会再到感恩自然，循序渐进地对学生进行感恩教育，使学生在成长的过程中懂得感恩、学会感恩，从而形成正确的价值观和健全的人格。

成长·感恩·幸福

——毕业典礼感恩大课堂教学设计

【教学目的】

1. 孩子们在小学学会做人、学会学习、学会交往、学会实践。通过毕业典礼感恩小课堂让学生明白老师、父母的良苦用心，从而从内心深处感谢老师和父母的养育、教诲之情。

2. 感恩是一种文明，感恩是一种品德，感恩更是一种责任，懂得感恩，才会懂得付出，才会懂得回报。感恩，应当成为每个人的美德。

【教学准备】

1. 提前教唱手语歌《感恩的心》。（提前给班主任《感恩的心》手语视频，统一教唱2～3次）

2. 六年级学生制作心形感恩卡（班主任）。

3. 舞蹈：《老师，您好》，六年级老师串场。

4. 诗朗诵《感谢你让我做你的妈妈》。

【教学过程】

一、感恩老师（7分钟）

1. 尊敬的各位领导、老师、家长朋友们，亲爱的孩子们，你们好！此时此刻，我想与你们分享我的心情。不知道从什么时候开始，它们成了我最不想看到和听到的词语。还记得2011年9月，你们这群小孩子兴高采烈地踏进二小的大门，你们在校园里嬉戏，在操场上奔跑，在教室里求知。六年后，当你们在毕业演讲上留下了这样的关键词，我感动、感慨：你们长大了。"落红不是无情物，化作春泥更护花。"同学们，是谁的谆谆教诲哺育你们苗壮成长啊？（老师）

2. 舞蹈：《老师，您好》（六年级老师情景串场）。

3. 学生造型，音乐变弱：迎着晨风，我们微笑了；踏着夕阳，我们进步了。六年来，感谢二小老师的精心培育。亲爱的同学们，在离开学校之前，一定要抱抱我们的老师，给老师道一声："老师，您辛苦了！"

4. 让我们再一次把发自内心的感谢的掌声献给我们敬爱的老师们吧！

5. 掌声久久不息，说明师生情深。

二、感恩父母（20分钟）

1. 每一次送毕业生远行，都在盛夏最明媚的光景，校园里枇杷挂满枝头，杜鹃红火绚烂，老师既为你们完成小学六年学业而喜悦、骄傲，又为不得不说再见而伤感，而感慨万千的还有我们最亲爱的爸爸妈妈。（诗朗诵《感谢你让我做你的妈妈/爸爸》，背景视频）

2. （两父母的孩子上台献花，拥抱。）雅琳好！站在爸爸跟前，你最想跟爸爸说什么？奕点好！长这么大，妈妈最让你感动的是什么？（提前跟孩子布置）谢谢你们！（退场）

3. 多么有爱的画面啊！可是有些时候，这看得到、听得到、感受得到的爱，我们却不懂珍惜！（《来一斤母爱》）

4. 走下台：孩子，你为什么哭了呢？孩子，你为什么低下了头？（你读懂了父母的爱！你知道了父母的良苦用心！）同学们，孙宇用漫画深情地怀念自己去世的母亲，可是树欲静而风不止，子欲养而亲不待！想想我们成长的这十几年，想想父母为我们做的那些事儿，此刻，你一定有很多话想说给他们听吧，请同学们起立，走到父母身旁，用爱的话语诉说你爱的行动！（生说并配乐《爸妈，谢谢您》）

5. 爸爸妈妈们，紧紧拥抱您的孩子吧！拥抱是体贴，拥抱是谅解，拥抱是款款深情，拥抱是深深的爱！

6. 能采访一下这位妈妈吗？您为何流泪了？爸爸，您为什么笑了呢？

（真为您高兴，孩子知恩感恩了，这是幸福的泪水/真幸福，孩子善解人意了！）千言万语，汇成一句话：我爱你，孩子！永远都爱！

7. 请同学们回位。孟子说："孝子之至，莫大乎尊亲；尊亲之至，莫大乎以天下养！"百德孝为本，百善孝为先。让我们一起演唱《感恩的心》，诚挚地感谢父母的养育，感谢老师的培养，感谢同学的帮助！（《感恩的心》）

8. 稚气的歌声，浓浓的深情，爸爸妈妈们、老师们，请把您热烈的掌声送给孩子们吧！

三、感恩他人（3分钟）

1. 同学们，心怀感恩，胸怀天下！心怀感恩，足行千里！我们要感恩父母，感恩老师，感恩同伴，感恩身边所有的人……衷心祝福你们从二小出发，走向新的旅程！展翅高飞，鹏程万里！

2. 我也真诚地感谢在场聆听的各位领导、老师、家长朋友们、孩子们，是你们，让我又一次沐浴了爱的阳光；是你们，让我又一次触摸了爱的翅膀。让我们在成长的过程中学会感恩吧！因为成长，必须感恩；因为感恩，才有幸福！谢谢大家！

教师感言：

以"心怀感恩"为主题的感恩大课堂是二小的品牌课程之一，这一课程的开展叩开了学生的心灵之门，打开了学生的感情之闸，让教育与学生的心灵产生了共振，促进了教师与学生之间的心灵相容，也让学生体验感恩，践行感恩，起到了很好的教育效果。《心怀感恩》这套校本教材，不仅为感恩大课堂的开展提供了行之有效的指引，也让老师们在校本教材的指引下结合学科教学特点与学生特点，更好地开展感恩大课堂活动。经过多年的实践与探索，我校的感恩课堂生动有趣、形式多样、内容丰富、情感动人、效果显著。可以说，感恩大课堂为教师和学生打造了一个情感教育的舞台，起到了教师锻炼、学生成长的良好作用。

学生感言：

我们每个人，都需要发自内心地去学习感恩，感恩自然、感恩社会、感恩他人……感恩不只是一种礼仪，更应该是一种生活的快乐心态，是每个人都应该积极参与的行动。我们学校每个学期在各个年级都开展感恩大课堂活动。通过精彩的课堂分享，我们开始认真地学习感恩，感恩父母、感恩国家、感恩老师、感恩我们赖以生存的地球。在这里，我也要感谢学校举办的感恩大课堂活动，是感恩大课堂培养了我们爱国爱家的虔诚之心。试问，一个不爱国、不爱家的人，又怎能撑起祖国未来的蓝天呢？因此，学会感恩，从你我做起。

家长感言：

感恩是中华民族的传统美德。古人有"谁言寸草心，报得三春晖"的动人诗句，有"滴水之恩，当以涌泉相报"的胸怀，都是对感恩的最好诠释。但感恩并非与生俱来的天性，它需要教育来点拨和引导。现代的学校教育，不仅要教学生学会学习，如何做人、做事，还要引导学生对自然心存感恩，与大自然和谐相处：对社会心存感恩，能增强学生的社会责任感；对他人的帮助与关心心存感恩，能领悟人与人之间关爱的真谛。学校开展感恩教育，充分利用教科书中丰富的感恩教育的教学资源，创设情境，利用教师的人格魅力，引导学生感恩、知恩、报恩和施恩，帮助学生形成健康的思想情感和健全的精神人格。

感恩大课堂现场照片

（二）微笑活动（特色项目）

1."乐乐"个性专题

"乐乐"个性专题是一个拟人化的有主题、主线的活动项目，富有创意、持续性、故事性、成长性。这个专题项目是本校特色项目的代表作，也是微笑教育落地的一项创新，特色鲜明，目前有三大系列。

《乐乐上学了》专题：

　　每年的金秋九月，我校都会迎来一群可爱的孩子，作为一年级新生，家长们忐忑，孩子们懵懂，有些不知所措，有些无从下手。《乐乐上学了》校本课程就是基于帮助一年级新生尽快了解、适应、喜爱小学生活而研发的。该校本课程根据初入学儿童的年龄特点编制，通过"乐乐要知道""乐乐游校园""乐乐懂习惯""乐乐提要求"四个板块，引领孩子们快速了解学校。该校本课程在培养孩子生活、交往、学习习惯等方面给予了有效指引，为一年级新生进入正常的校园生活做好了铺垫。该校本课程形成了相应的配套教材，并以第一人称"乐乐"为主人公进行叙述，自然而亲切。该教材图文并茂，语言有趣，互动性很强，孩子们都喜欢。

　　每年新生入学，老师们都会依据这本教材进行学前教育，让孩子们学唱校歌，了解校徽、吉祥物，增强归属感；参观校园，去除陌生感，增加熟悉度；进行生活常规和日常行为准则的养成教育，力争成为一名合格的小学生；加强家校联系，细化要求，让家长助力孩子成功过渡到小学生活。孩子们天真欢乐的笑脸，背着小书包走进校园的坚定步伐，充分反映了孩子们很快适应了小学的生活。《乐乐上学了》让孩子们在校园里找到自我，找到归属，放飞理想。他们在这里，与可爱的小伙伴、敬爱的老师，亲密无间，互相鼓励，快乐学习！

"活"用校本教材　助力新生顺利过渡
——微笑课程之《乐乐上学了》校本教材的使用策略

　　新学期马上就要到了，刚从幼儿园毕业的孩子们就要背起书包，开始全新的生活。从幼儿园到小学，孩子的生活方式、活动范围和人际交往等各方面都发生了变化，孩子们懵懵懂懂，家长们迷茫，有些惶恐，有些担忧。正因如此，学校致力研究编写一门关于入学教育的校本课程，帮助一年级新生尽快了解、适应、喜爱小学生活，顺利度过入学适应期，同时消除家长的担忧。

　　2012年，在老师们的努力下，作为我校微笑课程之一的《乐乐上学了》诞生了。蓝色的封面上，学校的吉祥物乐乐带着灿烂的笑容，用充满惊奇的大眼睛和大家打招呼了，它活泼机灵如同一年级新生。翻开书本，图文并茂，随着乐乐的经历和介绍，我们看到笑容满面的老师，如此亲切；游览校园的风景，如此美丽；看看学长学姐的日常活动，如此有趣。全书以"乐乐"为主人公进行叙述，通过"乐乐要知道""乐乐游校园""乐乐懂习惯""乐乐提要求"四个板块，在互动的学习中，引领孩子们快速了解学校，培养良好的生活、交往和学习习惯。

校本教材主要在新生学前培训期间使用，大约历时一周时间。在使用的过程中，教师们不断实践，不断总结，力求用好教材，让培训的效果更加显著和扎实。为此，总结了以下使用策略。

一、用"活"教材，提高教学的趣味性

即将入学的新生是6岁的孩子，注意力集中时间十分有限，要最大限度地提升他们学习的积极性，必须以提升兴趣为基础。为此，老师们联系学校实际，挖掘教材，力求提高教学的趣味性。

1. 集体精心备课

"用教材"，而不是简单的"教教材"，教师要创造性地用教材，设计出活生生的、丰富多彩的课来，充分有效地将教材的知识激活，因此，培训前的备课显得尤为重要。学校领导带领骨干班主任，通过集体备课的方式，几经研讨、试教，形成了配套的教学设计和教学课件。同时还会根据学校的发展和变化，及时做更改，这样就方便了新手班主任也能有效地开展培训工作。

2. 授课形式活泼

《乐乐上学了》这本教材，不是作为知识供教师讲授的，它只是教师引导儿童展开实践学习的载体，是儿童开展活动时可利用的资源。教材为我们呈现的仅仅是一些图文范例，这就要求教师不能把它上成简单的"看图说话课"："同学们请看图上的小朋友在干什么，我们能不能这样做？"把课上得生动活泼，富有创意，必须通过孩子们喜闻乐见、乐于接受的形式教学。

例如，课堂上学唱校歌，通过擂台赛的方式了解校徽、与吉祥物对话，新奇又符合童趣；实地参观校园，老师要求孩子们认真听介绍，回到教室，播放校园图片，请同学们做小导游介绍学校，倾听与表达同时得到训练；情境体验安全教育，上下楼梯靠右走，玩游戏要排队，课间文明休息等，在实践与情境中明理。

在教学中还可以引入故事，如讲述《小灰兔交朋友》的故事，让学生学

习如何做才能交到好朋友；放映录像《邋遢大王奇遇记》片段，吸引学生的注意力，让他们懂得养成个人良好卫生习惯的重要性等。

教学方式多样，动静结合，活泼有趣，更符合低年级学生的年龄特点。其能最大限度地吸引学生的注意力，更好地达到所要的效果。

二、盘"活"评价，落实常规的执行力

"上课铃声响，快快进课堂……"二楼走廊回响着琅琅的儿歌诵读声。透过洁净的玻璃窗，我们清晰地看见孩子们一个个端正地坐着，眼睛都瞪得大大的，他们正认真地跟着老师诵读，神情是那么专注，声音是如此响亮。仅仅几天的时间，孩子们对上学的要求又有了更深的了解，进步如此快，这其中少不了评价机制的功劳。

教材的最后一页，"乐乐得红花"就起到了一个非常好的激励作用。孩子们每完成一项学习，通过考评合格后就能得到一朵小红花，有种闯关的感觉。孩子们在"比一比谁的红花多"的学习氛围中积极向上，每天踏出校园门口，就会兴高采烈地向爸爸妈妈"炫耀"自己的进步。

三、灵"活"家校，增强入读的幸福感

新入学的孩子，牵动着父母的心。"好的开始是成功的一半"，所以，学前教育必须有家长配合才能更加扎实有效。学前培训的第一天，学校就会召开新生家长会，跟家长分享学校的理念，让家长了解学校的历史，因为了解而更加热爱。同时，还会与家长共同学习《乐乐上学了》，重点学习"乐乐提要求"部分，细化需要要求，共同学习学校一日生活常规、着装要求、文具准备要求以及家庭氛围营造，让家长每日和孩子温习《乐乐上学了》的所学内容，鼓励孩子复述表达交流，通过画图、贴照片、写感想等互动激发兴趣。因为懂得而豁然，去除焦虑，家校携手助力孩子成功过渡到小学生活。

经过学前培训，一年级新生带着和吉祥物乐乐一样天真欢乐的笑脸，背着小书包走进校园，步伐如此坚定，笑声如此感人，充分反映了孩子们很快适应了小学生活。《乐乐上学了》让孩子们在校园里找到了自我和归属感，放飞理想。在这里，与可爱的小伙伴、敬爱的老师，互相鼓励，快乐学习！

教师感言：

金秋九月，我们都会迎来可爱的一年级的新生。一年级作为幼小衔接的第一个年级，学生刚来到学校难免会感到陌生和手足无措，怎么样在最短的时间内让孩子适应新的校园、新的学习和新的环境是每一个一年级带班老师的难题。《乐乐上学了》通过"乐乐要知道""乐乐游校园""乐乐懂习惯""乐乐提要求"四个板块，引领孩子们快速了解学校。在培养孩子生活、交往、学习习惯等方面给予了有效指引，也为老师提供了很好的指导，是老师的好帮手。

学生感言：

开学啦，开学啦！从幼儿园进入小学，我们既高兴又兴奋，在新的学校见到了许多新面孔，有新同学也有新老师，更重要的是认识了一个新的小伙伴——《乐乐上学了》。和这本书交朋友，它会告诉我们好多好多的知识：新学校是什么样子的，上课的时候应该怎么做，要怎么和小朋友们和老师一起相处……通过学习，我懂得了很多东西，让我们一起来学习吧！

家长感言：

金秋九月，一年级新生入学如期而至。看着孩子迈入一年级，我的心一直是忐忑不安的，担心他是否能适应学校的生活，是否能承受沉重的学习。我的心从来都是纠结的，一方面希望孩子能够得到良好的教育，另一方面又不想让孩子因为学校失去他这个年龄应该有的欢声笑语。我迷茫，找不到方向，直到看到学校的《乐乐上学了》这本教材。这本教材通过"乐乐要知道""乐乐游校园""乐乐懂习惯""乐乐提要求"四个板块，引领孩子们快速了解学校，同时，在培养孩子生活、交往、学习习惯等方面也给予了有效指引。这才抚平了我的疑虑和担忧，我相信孩子在新的大家庭中会快乐成长。

趣味安全教育，构建安全校园
——《乐乐知安全》教学案例

《乐乐上学了》是由二小创编的新生入学教材，其系统地为一年级新生介绍了学校的基本情况，培养了学生良好的行为习惯，让学生在短时间内了解学校，更有利于他们适应小学阶段的学习与生活。

【教学目标】

1. 通过学习、进行趣味比赛，让学生增强安全意识，时时处处树立"安

全第一"的思想，加强安全教育。

2.认真吸取校园安全事故血的教训，树立自我防范和保护意识。

【教学重点】

提高学生的安全意识。

【教学过程】

（教室里，黑板上方用彩色粉笔写道："欢迎你！"旁边贴有乐乐的头像。）

一、激趣导入

师：一大早，乐乐背着崭新的书包出门啦。路上，他遇到了一位白胡子爷爷，老爷爷摸着长胡须，笑眯眯地说："乐乐，我要带你去一个神奇的乐园。在那里，有亮闪闪的金钥匙、快乐的小伙伴，有各种各样的知识树和香甜的知识课……"乐乐刚想说："快带我去吧！"可老爷爷不见了……咦，这神奇的乐园到底在哪呢？

生1：我知道，在童话书里面！

师：你一定读过许多童话故事吧！能不能告诉小伙伴们，你还没上小学时是怎么读童话的呢？

生1：（自豪得很）我妈妈天天给我讲故事。我看着书上的图，自己也可以编故事！

师：真棒！将来你认识更多字，可以把故事写给全世界的小朋友看！

生2：神奇乐园是不是小学？

师：（微笑着俯身）说说看，为什么？

生2：我爸爸妈妈说在小学可以学到很多很多知识，很有用！

生3：学校里有很多小伙伴！

师：这么说，现在我们就在这个神奇乐园里啦！那么，小朋友们想在这里学到什么知识呢？

生4：我想认很多很多字，这样就可以看很多很多书啦。

生1：我想学写童话故事！

师：好，孩子们，你们的愿望一定会实现的！今后，我们要和乐乐一起做很多有趣的事情，一起玩游戏，一起学习，学会听、说、读、写……

（设计意图：好的教师应当善于激发学生的学习兴趣，并挖掘其学习潜能。教师深谙初入学学生的心理特点，运用学生喜闻乐见的色彩和熟知的形象营造出缤纷的天地，让学生倍感欣喜，且被深深吸引。动听的故事将学习伙伴乐乐带到学生中间，更将学生领入美好的学习情境中，使之意识到：学校是神奇乐园，学习是快乐有趣的事。这对于满怀憧憬踏入小学门槛的一年级新生尤为重要。）

二、整体感知

师：那么同学们，从今天开始我们就是小学生了。新学期开始了，以后我们就要在校园里学习，安全将时时刻刻伴随着我们的学习和健康成长。为了大家的安全，使安全伴我们成长，今天我们就和乐乐一起来学习一些校园安全知识。首先，让我们一起读读这首儿歌《乐乐知安全》。

> 上学放学防拐骗，
>
> 人多密集别靠前。
>
> 文明安全靠右走，
>
> 手扶栏杆别滑走。
>
> 课间休息不追逐，
>
> 友好相处不打闹。
>
> 游戏活动守规则，
>
> 体育锻炼防护好。
>
> 高处险处别靠近，
>
> 玩火玩电真不行。
>
> 报警电话：110；
>
> 火警电话：119；
>
> 急救电话：120。

（老师范读一遍，学生齐读一遍，老师领学生拍手读一遍。）

（设计意图：通过老师范读、学生自读儿歌，让学生对安全知识有一个大致的了解，拍手读儿歌能让孩子们动起来，更符合一年级学生的特点，有节奏地读也能激发学生兴趣，从而使他们更好地学习相关安全知识。）

三、深入学习

师：小朋友们，读完儿歌接下来老师要看看哪位小朋友有火眼金睛，能发现我们校园里哪个地方需要注意安全。（学生自由发言）

生1：课间休息的时候不能追逐打闹。

生2：人多的地方不要走过去看。

生3：不能爬到栏杆上。

……

师：同学们的眼睛真亮，能找到那么多需要我们注意的地方，真棒！那我们为什么不能做这些事情呢？接下来让我们一起看一下这个视频，你们就知道了！

（观看校园安全事故视频并让学生分享观后感。）

（设计意图：通过提问考查学生阅读后的收获，从而强化他们的记忆。播放校园安全事故视频，能让学生直观地了解到不注意安全将会有什么后果，比单纯的说教更有说服力。）

四、趣味比赛

小朋友们，今天我们通过学儿歌、看视频，了解了很多关于校园安全的知识，下面我们要进行一个趣味比赛，我们以小组为单位，组员举手进行抢答，答对将给全组加分，最后分数多的小组获胜！让我们来看看今天的冠军小组在哪里！下面请各位坐好，我们的比赛准备开始咯！

1. 同学之间发生小摩擦时，下列处理方法正确的是（　　　）。

A. 原谅同学或报告老师，让老师处理

B. 记恨在心，事后叫人一起教训对方

C. 据情节给予报复

D. 叫家长到学校来教训对方

2. 以下课间活动正确的是（　　　）。

A. 在课室里面玩撕名牌大战

B. 在走廊上比赛跑步

C. 到走廊走走，看看绿色植物

D. 在课室躲猫猫，躺在地上、躲在桌子下

3. 遇到别人打架时（　　　）。

A. 上前围观，给自己认识的人加油、帮忙

B. 不管他

C. 去劝阻

D. 告诉老师

4. 遇到火灾时，拨打（　　　）。

A. 110　　　　　B. 119　　　　　C. 120　　　　　D. 121

5. 判断题。

（1）鱼池里的小鱼真可爱，让我捞一条回家养。　　　　　（　　　）

（2）下课了，我们去玩追人游戏吧！　　　　　　　　　　（　　　）

（3）哇，学校里的花真美，我要摘一朵。　　　　　　　　（　　　）

（4）走草地比较快，我要踩草地过去那边。　　　　　　　（　　　）

（5）下雨天，在湿的地面上奔跑。　　　　　　　　　　　（　　　）

（小组举手抢答，并说出选项错误的原因。）

师：同学们都非常认真，而且抢答得又快又准，真棒！下面我们来统计一下分数。哇！我们今天的冠军小组是第三小组，恭喜你们！所有的同学表现都很棒。每个小朋友的眼睛都是摄像机，希望大家把今天学习的知识都录下来，牢牢地记在大脑里面，做一个守纪律、懂安全的小学生！

（设计意图：通过趣味抢答比赛，给学生设置不同的情境，能让他们排除错误的做法，并选出正确的做法，从而帮助他们在以后真的遇到各种情况时，能做出正确判断，保护自己的安全。）

《乐乐要知道》教学案例分析

《乐乐要知道》是二小微笑课程之一《乐乐上学了》的第一部分。这一部分介绍了学校的校训、校风、教风、学风，学校的校徽、吉祥物、校歌以及学校的领导老师。

下面笔者就执教本文的过程做如下记录和分析。

一、创设情境，认识乐乐

师：同学们，今天老师给你们带来了一位新朋友，你们想认识他吗？

生：想。

师：你们瞧，这位新朋友已经迫不及待地想和大家见面了。（出示"乐乐"图片）

师：你们知道他是谁吗？

生1：我知道，我收到的录取通知书上就画了这个可爱的图案，这个是

我们学校的标志吧！

生2：我也见过这个图案，我哥哥也在这里上学，我听我哥哥把他称为"乐乐"！

师：真了不起，观察细致。

师：没错，这既是我们学校的吉祥物，也是我们二小学生的形象代表。我们一起来听听他的自我介绍吧。

（播放视频：小朋友们，大家好！欢迎大家来到二小这个快乐的大家庭。我有一个好听的名字，叫乐乐。我由爱心和摊开手心的五根小指头组成。爱心象征真诚、善良，摊开的手心象征坦诚、友好，寓意着同学们都能快乐、文明、自信地成长，每天都很快乐。很高兴能和大家成为好朋友。）

师：我们一起和他打个招呼吧！

生：乐乐，你好！

师：大家真是懂礼貌的好孩子。相信你们一定能和乐乐成为好朋友。

（设计意图：色彩鲜艳、可爱的动画图案——乐乐，一下子就吸引了学生的注意力。他们来到学校，首先就认识了这个可爱的朋友，在轻松愉悦的环境中，知道它是学校的吉祥物，知道它叫乐乐，知道它的寓意，知道了以后将会有乐乐陪伴着他们一起学习、生活、成长，必定每天都是快乐的。）

二、乐乐要知道：校徽

师：我们和乐乐成了好朋友，接下来我们就随着乐乐一起去了解一下关于学校更多的情况吧！

师：你们知道这圆圆的标志是什么吗？

生1：学校的标志。

生2：校徽。

生3：这个校徽圆圆的，而且颜色也很鲜艳，很好看。

师：没错，这个是我们学校的校徽，代表着我们的学校——二小。那这个标志又有什么寓意呢？

生1：红色的部分应该是太阳吧。

生2：蓝色部分那就是大海。

生3：为什么这个标志是圆形的呢，而不是方形的？

师：同学们都很善于观察，而且会大胆地提问，真了不起。

师：你们的问题就由乐乐为我们解答吧。

（播放视频：蓝色外环象征二小是一个和谐的大家庭。红色的太阳象征二小是一个冉冉上升的、充满希望的太阳。黄色的扇形象征二小坐落在东江河畔、珠江之滨的广州经济技术开发区。蓝色的海鸥右边的翅膀象征东江，左边的翅膀象征珠江，腹部下方的海浪象征广博无垠的南海，意味着二小的学生像一只只搏击长空的海鸥，翱翔在知识的海洋里，他们将托起明天灿烂的太阳。）

生1：没想到这小小的校徽蕴含着这么多的内容。

生2：今晚回去我要说给爸爸妈妈听一听。

（设计意图：认识乐乐这一朋友后，紧接着认识学校的标志——校徽。通过学生自行观察这个标志，学生自由说一说自己的观察发现，再由好朋友乐乐做全面详细的介绍，这样学生对学校的校徽就有更全面、深刻的认识与了解了。）

三、乐乐要知道：校训、校风、教风、学风

师：乐乐说了，要想成为二小一名真正的小学生，一定要知道我们自己学校的校训。校训是所有老师和同学共同遵守的基本行为准则与道德规范。

师：我们学校的校训是：乐知乐行，至善至美。

师：老师刚才发现，有的同学也情不自禁地跟着老师一起读了起来。请同学们再随着老师读一遍。

生：乐知乐行，至善至美。

师：有谁能勇敢地读给大家听吗？

生：乐知乐行，至善至美。

师：你能独自读准确这些字，真了不起。

师：那这些字是什么意思呢？我们还是请好朋友乐乐来说一说吧。

（播放乐乐介绍校训"乐知乐行，至善至美"的视频。）

师：除了校训，我们还有校风——乐观向上，激情绽放。

教风——乐教善导，妙趣横生。

学风——乐学善思，奇妙无穷。

师：学校希望我们每一个同学在轻松愉悦的环境中，能够快乐、轻松、自觉地学习，能够做一个文明、充满自信的孩子。

（设计意图：本片段的教学主要侧重于对校训、校风、教风、学风的了解，由于这部分主要以文字为主，而且内容较难理解，学生可能对文字还不认识，所以首先通过反复的朗读，加深对这些字的认识与了解，再通过观看乐乐的视频解说，降低其对校训等深刻含义的理解。）

四、乐乐要知道：校歌

师：乐乐说，大家一下子了解了学校这么多内容，接下来要轻松一下，想邀请大家和他一起唱唱歌，你们愿意吗？

生：愿意。

师：今天乐乐教我们唱的歌是我们的校歌，我们的校歌名叫《放飞梦想》，是由我校的数学老师吴繁荣老师作曲，我们的李悦新校长亲自填词的。我们赶紧来听一听吧。

（播放校歌《放飞梦想》音频，学生边听边学唱。）

师：刚才同学们都唱得很认真，以后我们每逢星期一升旗仪式或学校举行大型活动的时候，都会全校同学一起唱校歌，那歌声可是十分响亮、动听、吸引人的！

（设计意图：唱歌是孩子们比较熟悉又喜欢的一个环节。在唱之前，首先让学生了解关于校歌的创作情况，并知道为什么要学唱校歌。了解后，随着音乐反复的播放学唱，这简单、易上口的校歌很快就被学生学会了。）

五、乐乐要知道：校领导

师：谁还记得我们刚才学唱的校歌是由谁填写的歌词吗？

生：李悦新校长。

师：你的记忆力真好。没错，这就是我们的李悦新校长（出示李校长照片）。

生：校长还会写歌词呀？

师：我们的校长也是一名语文老师，他写文章可厉害了，还发表了好多文章呢。现在他一有空还会给同学们上作文课呢。

师：我们全校上上下下、大大小小的事，都由李校长全面负责管理。

师：除了李校长，还有我们的董翠云副校长（出示照片），董校长主要负责学校德育、安全、卫生、家长学校建设工作。

师：这一位是我们教学处的李娟主任，主要负责学校的教学、招生等工作。

生：我和爸爸妈妈来学校报名的时候，就看到过这位老师，她可热情了。

师：这一位是学校总务处的叶主任，也是我们的校医，如果我们哪里不舒服或受伤了，就可以去校医室寻求叶主任的帮助，记住了吗？

生：记住了。

师：这一位是德育处的吴美玲副主任，她主要负责学校安全、班级管理等工作。

师：这两位分别是丘文梅副主任和李薇副主任。

师：还有这位年轻漂亮的就是我们的大队辅导员熊沁老师，她主要负责少先队的工作。

生：原来我们学校的每一位领导都分管着不同的事情呀。

师：对呀，这些领导老师不但管学校、管老师，还管每个小朋友。所以，在学校里，不但要听——

生：老师的话。

师：还要听——

生：学校领导的话。

师：还要听——

生：校长的话。

（设计意图：把学校领导的照片给小朋友们看，还告诉小朋友们，学校领导在学校分别是干什么的，让他们对学校的领导、老师有更全面的认识、了解。）

六、乐乐要知道：校长寄语

师：那我们一起来听听校长要对你们说些什么吧。

（播放校长寄语视频《你们就是希望》。）

师：希望每一个同学都能记住李校长对你们说的话，记住"你们就是希望"。

师：李校长还特意嘱咐老师，每一个同学都发一个乐乐吉祥物，把乐乐带回家，和你们的爸爸妈妈一起分享今天的内容，分享今天的快乐，好吗？

生：好的。

生：太棒了，乐乐和我们一起回家喽！

（设计意图：通过播放校长寄语的视频，让孩子感受到领导对他们的关爱与期盼。每个孩子分发一个吉祥物，让孩子们再一次感受到乐乐就是自己的好朋友，并乐于和爸爸妈妈分享自己的收获与快乐。）

《乐乐游校园》教学案例分析

一年级新生满怀憧憬地走进校园，为了帮助新生更快地进入小学生的角色，尽快熟悉学校的环境，知道各个功能场室的用途，初步培养学生对学校喜爱的感情，让孩子们领略校园是美丽的花园、充实的学园、欢乐的乐园，我们开设了《乐乐游校园》这一课程。下面笔者就执教《乐乐游校园》的过程做如下记录和分析。

一、校园是花园

1. 明要求

师：同学们，来到二小，觉得新学校漂亮吗？想去逛一逛吗？（好）今天老师就带着大家去欣赏美丽的校园风景！出发之前，老师要提出以下要求：

（1）紧跟队伍，保持安静。

（2）要记得游览了哪些地方，这些地方是什么样的？

2. 游览乐园

师：我们到了第一站——乐园！老师先带同学们逛一圈，你们的小眼睛要仔细观察周围的环境哦。如果你能把景物的名称、颜色和外形特点说出来，老师就奖励一个可爱的贴纸！

（游览路线：坦心石、若谷石、瀑布、水池—小亭、小桥—棋苑）

（1）坦心石

师：同学们觉得这块石头长得像什么？

生：像爱心/小鱼/宝石……

师：你们说得都有道理，但说像爱心的同学最贴近设计这块石头的作者的想法！奖励你一张贴纸！它像一颗奋发向上的心灵，在绿草和阳光间袒露着，是希望同学们能够"敞开心胸，迎向未来"，做个开朗乐观、积极向上的好少年！

（2）若谷石

师：再看这边的这块石头，它叫"若谷石"。它像一个人在低着头想东西，心无成见，有"虚怀若谷"的意思，是希望同学们能做个谦虚、善于学习的好孩子！

（3）瀑布、水池—小亭、小桥—棋苑

师：乐园里还有许多有特色的景物。你们可要记得看见了什么、它们长得什么样。

（游览完毕后）

师：谁来说说你最喜欢的景物是什么？有什么感受？

生1：我最喜欢的是乐园中间的瀑布，瀑布水哗哗地流下，感觉很凉快！

生2：我喜欢那个长得像蘑菇的亭子。

生3：我喜欢小鱼，它们在水池里游来游去。

生4：水池里的小鱼还有很多颜色！

生5：我最喜欢乐园里的各种小动物模型，它们好可爱。

生6：我喜欢那个可以下棋的地方。（师补充：那是棋苑）棋苑的石头桌子上可以下棋，墙上还有棋子，还有很多植物。我感觉这里很好玩，也很舒服。

师：（表扬同学们能仔细观察）学校的乐园美不美？为什么学校要把这里建造得这么美呀？

生：是想让我们在一个漂亮的地方快乐开心地学习！

师：你说得真好！

（设计意图：刚入校园，孩子就被校园的环境所吸引，乐园是最吸引孩子目光的地方。从逛园开始，感受到乐园之美，更能让孩子快速地喜爱上校园，期待新的校园生活。）

二、校园是学园

1.明要求

师：花园之旅结束啦，下一站是各功能场室！这次可是有新的任务了哦！请你听好：

（1）我们参观了哪些地方？

（2）我们可以在那里做什么？

（3）我们应该怎么做？

2. 参观4楼：美术室

师：刚才我们参观的是4楼的哪些教室？

生1：美术室。

师：我们可以做些什么？有什么要求？

生2：我们可以在美术室画画，要听老师的要求，要安静。

师：你们听得很认真！把要求牢记心间，真棒！

3. 参观3楼和2楼：图书馆—电子阅览室—音乐室

师：参观完3楼的教室，谁能按照老师的要求说一说？

生1：刚才我们看了图书馆，里面的书好多，以后可以去那里借书、看书。要爱护书籍，不能在图书馆里追逐打闹。

生2：我们参观了音乐室。上音乐课的时候可以去那里学唱歌、学跳舞。

生3：还有一间电子阅览室，我们可以在里面用电脑看书！

师：你们说得很全面！

4. 参观1楼：大队部—阶梯教室—医务室—食堂

师：来，谁来当小导游？说说刚才我们参观的教室。

生1：1楼鱼缸边上的那个是大队部。我们戴了红领巾就是少先队员了，可以在里面举行少先队员的活动。

生2：很大、很多座位的那个是阶梯教室，我们在那里举行大型的活动。

生3：医务室有医生，受伤、生病了可以到那里找医生。

生4：我们中午去食堂吃饭，饭前要洗手，不能浪费粮食。

5. 小结

师：同学们，有这么多功能教室，还有保证同学们伙食和身体健康的食堂和医务室，就是希望同学们能在这里认真学习，获得发展。我们二小不仅是花园，还是一座让你们收获学识的学园呢！

（设计意图：参观校园不能只是走马观花，更应该让学生更快熟悉校园的环境，尽快投入新的学习生活。教室是学习的场所，要让学生明确各个功能场室的用途及应该遵守的事项。）

三、校园是乐园

1. 参观羽毛球场—乒乓球场—篮球场—游乐场

师：哪位小导游可以说说我们刚才参观的地方？

生1：我们去了羽毛球场，可以在那里训练羽毛球。学校里很多优秀的小运动员都是在那里面训练的。

生2：放学了可以去打乒乓球，去操场打篮球，去乐园玩。

师：去这些活动场所的要求是什么？

生：听从老师的要求，不追逐打闹，注意安全！

2. 小结

师：这些都是活动的场所，我们收获学识，还可以在这些活动场上锻炼身体，交更多的好朋友。这些地方可是最受我们二小哥哥姐姐们喜爱的场所哦！他们在这里度过了欢乐的课余时光。

（设计意图：校园内还有丰富的课余生活，在学校可以锻炼身体、结交朋友，最后以校园是乐园结尾，更激发了学生对丰富多彩的校园生活的认识，并且加强了安全意识教育。）

四、画一画"我心中的校园"

1. 画一画

师：同学们今天游览了这么多地方，收获真大！请你将你自己最喜欢的地方画下来！

明确作画步骤，先整体后局部，先外形再细节。

2. 比一比

（1）看哪位同学画的学校最有意思，颜色最好看，形状最准确，最漂亮。

（2）看看谁画的学校最有想象力。

（设计意图：这个年龄段的孩子喜欢动手画画，表达他们对周围事物的看法和感受，画出心中最喜欢的校园一景，拉近了孩子与校园之间的距离，在达成游览校园的目的之余，又增进了孩子与校园之间的感情。）

五、小结

（1）回家给爸爸妈妈展示今天的收获。

（2）表扬纪律好、回答问题好、提出问题好的学生，奖励贴纸。

（设计意图：加强孩子与父母之间的亲子交流，让家长了解到孩子的一

天所学，了解到孩子将会在这所充满书香的美丽校园里充实地学习、安全愉快地成长。）

《乐乐做得好》教学案例分析

校园生活对于刚刚迈进小学大门的一年级学生来说，既兴奋又陌生。与幼儿园的集体生活相比，学校生活的内容更丰富了，要求也更高了。刚刚进入一年级的他们，每天都需要学习新的课程，每节课程都有固定的时间，每门学科也都有各自的要求和任务，这些对于刚刚入学的一年级学生来说都是全新的挑战。作为教师，要引导他们了解和认识小学的课堂，教给他们完成课堂活动的方法，帮助他们适应全新的课堂学习环境，从而让他们能够以愉悦的心情、乐观的态度和良好的学习习惯，度过他们的校园学习生活。

《乐乐做得好》是我校特色微笑课程之一《乐乐上学了》中"乐乐懂习惯"里的一个专题。这一专题以学生的学校生活为源泉，引导学生逐步形成课堂的规则意识，养成良好的学习习惯，感受课堂的学习乐趣。下面笔者就执教本课的过程进行记录与分析。

创设情境，引出主题

师：同学们，刚才丁零零、丁零零，什么响了？

生：上课铃声响了。

师：噢，原来上课了，同学们，让我们一起来做做课前准备操吧。

生：点点头、伸伸腰，我们来做课前准备操，动动手、动动脚，开动脑筋要思考。

师：同学们，上课了我们该怎么做呢？

生：上课了，要进教室上课。

师：是啊，老师想请几个同学来表演一下你们平时是怎么样进教室的。

（生表演）

师：这里有个儿歌会教我们上课铃声响了之后应该怎么做。同学们，我们拍着手一起来学习一下好吗？

上课铃声响，快快进课堂，课本铅笔放得好，静等老师来上课，比比哪个做得好。

师：同学们，你们学会了吗？看看我们班哪些小朋友做好了课前准备。

（做得好的奖励贴纸和小红花）

师：同学们，我们快速走进教室以后，应该怎么坐好呢？同学们看看图片，观察一下图片上的哥哥姐姐是怎样坐的。

生1：他们的手整齐地放在桌子上。

生2：他们的背挺得很直，没有驼背。

生3：他们的眼睛在看着黑板。

师：同学们，你们的眼睛真亮，观察得很细致！上课的时候我们应该坐好，这样可以帮助我们收获更多的知识。老师这里有几张图片，同学们来选选，看看哪个同学的坐姿最端正？

（生回答）

师：同学们真棒，很快就找出来了。同学们，你们能做到吗？老师说123，你们说坐端正，并且按照正确的坐姿坐好，准备好了吗？

师：同学们真厉害，坐得真精神，看看谁可以坚持最久，加油！

师：全班同学都做好了课前准备，你们真棒！上课铃一响，我们应该快步走进教室，不拥挤、不推搡。准备好学习用品，端端正正地坐好等老师来上课。

（设计意图：在上课之初，我创设情境让孩子们进入上课的氛围中，让几个孩子示范他们的做法，不仅让参与的孩子热情高涨，也让其他孩子产生了浓厚的兴趣，让孩子们主动地去思考课前准备应该做到哪些，自己寻求答案。老师再适时让孩子这么做，这样就能强化孩子们课前准备的认识。

错误的坐姿给人的印象就是不文明、不雅观。不良的姿势，不仅影响体态美，同时还影响身体的正常发育，如果形成习惯，就会影响视力、影响胸廓、脊柱和内脏器官的健康发育。因此，坐姿的教育是必需的，在这里我出示图片，让孩子对正确的坐姿有个初步的认识，让他自己总结正确的坐姿要求，最后通过自己示范练习来强化坐姿的标准——安安静静地等待老师上课。）

师：同学们，我们上课了。上课了我们该怎么做呢？

师：同学们，这是什么？你们知道眼睛有什么作用吗？

（生回答）

师：是啊，眼睛的用处可大了，爸爸用眼睛来工作，妈妈用眼睛给我们做美味的饭菜，医生用眼睛给病人治病，同学们要用眼睛来学习知识。

师：同学们都有一双明亮的眼睛，有的小朋友会用眼睛来学习，有的小朋友却不会用眼睛来学本领。为什么呢？下面我们来做个实验。

我想请两个小朋友来做这个游戏。

师：请你面对着我，另一个同学背对着我来做这个游戏。老师这里有一张生字卡片，你们两个分别来说说是什么字，其他同学不能帮忙。

师：为什么一个同学可以回答出来，而另一个同学答不出来呢？

生：因为一个面对着你，一个背对着你。

生：因为一个同学看得见，一个同学看不见。

师：是啊，面对着老师的同学知道这是个"人"字，另一个同学的眼睛没有看着老师，他自然不知道。同学们，上课也是如此，要学会用我们的眼睛学习知识。下面请同学们讨论：在课堂上怎样用好我们的眼睛帮助我们学习知识？老师讲课时、写字时、读书时，同学们发言时我们的眼睛该怎么做？

生1：老师讲课的时候要看着老师。

生2：老师写字的时候看着黑板。

生3：读书时，眼睛看着书本。

生4：同学们发言时，眼睛应该看着发言的同学。

师：同学们很棒！自己总结出了上课时眼睛应该怎么做。在学习中，耳朵也是我们的好帮手，可以帮助我们把知识传入大脑。同学们，你们来说一说上课时耳朵应该怎么做呢？

生：认真听老师讲课。

生：同学发言的时候也要认真听。

师：是啊，同学们真棒！下面我们来做个游戏，老师想考考你们的眼睛和耳朵是不是真的知道上课任务了，好吗？老师说什么，你们就用手指什么，可以吗？

眼睛、鼻子、嘴巴、黑板（对表现突出的学生及时给予奖励）。

（设计意图：上课时，眼睛和耳朵是最重要的帮手，要让孩子明白，要想学好知识，眼睛必须跟紧老师，耳朵要认真听。如果这个部分只是单纯的说教，孩子们可能很难有深刻的认识，所以在这个环节我采用游戏的方式，让孩子们能够从游戏中亲自体会眼睛看、耳朵听的重要性，这样孩子们的认识也可以更加深刻，让单纯的道理在游戏中更容易让学生接受。）

师：我们会用眼睛，也会用耳朵了。如果老师提出了一个问题，这时候我们应该怎么做呢？

生：要举手。

生：要站起来。

生：不能一起说。

师：同学们说得很对，课堂上回答问题需要举手，得到老师的回应时要起立。回答问题时身体要直立，不能东倒西歪，同时也不能一窝蜂地一起说。

师：如果老师叫了一个同学起来，没有叫你回答，你要怎么办呢？

生：把手放下，认真听这个同学回答。

师：是的，你真是个懂得尊重别人的好孩子。（奖励小红花）在别人回答的时候，我们要认真听，看看是不是和自己想的一样，这样不仅是尊重他人的表现，也可以获取更多的知识。

师：下面这两首儿歌就告诉我们上课了，我们该怎么做了，让我们一起来学习一下吧！

生：你一言，我一语，这样发言可不好；耳要聪，目要明，文明守纪我最行；棒棒棒，棒棒棒，争做大家的好榜样！

生：起立要站直，坐正不摇晃，专心来听讲，发言先举手，回答不乱抢。

（分析：举手发言是课堂常规中的重要一项，它不仅可以看出孩子们有没有认真听讲，对所学知识有没有掌握，同时也是遵守课堂纪律的重要体现。因此，在这个环节，我让孩子们根据自己的感性认识来说说课堂举手的一些要求，让孩子自己来总结和学习，主动地去接受和要求自己，而不是老师说孩子被动地去接受。）

师：同学们，到了一年级我们就要学习很多很多的汉字了，因此，养成良好的写字姿势是非常有必要的。只有这样，才能读好书、写好字，保护视力。

师：同学们看看这两张图片，他们在干什么？

生：他们在写字。

师：是啊，他们在写字。同学们，你们观察一下，他们是怎样写字的？

同学们，有首儿歌可以帮助你们很好地记住我们的写字姿势，同学们一起来读读。

写字歌：学写字，要认真，肩平背直头摆正，两脚平放有精神，三个一，要牢记，一尺一拳和一寸，平行等距要记清。

师：写字身子坐直、两臂平放、胸口离桌子一拳、眼睛离书本一尺、课本和练习本放在正前方。同学们，你们也来写写，看看哪个小朋友的姿势最端正。

生示范，老师检查，正确的学生给予奖励。

师：同学们，你们看，这里面有几个同学在写字，你们看看他们错误的地方在哪里，请找出来帮他们改正一下。

生：第一幅图，他趴在桌子上是不对的，应该把背挺直。

生：第二幅图，他跷起了二郎腿，这是不对的。

生：第三幅图的姿势最标准。

生：第四幅图，他的眼睛离课本太近了，容易近视。

师：同学们，你们观察得很仔细，写字的姿势、读书的姿势对我们来说特别重要。它不仅可以使我们的书写非常美观，也可以使我们不近视、斜视。如果我们眼睛近视了就会给我们的生活带来很多的不方便。

师：这不，大象近视了，还闹了个笑话呢，同学们想听这个故事吗？

（大象眼睛不好，有一天，蛇和大象闹矛盾，蛇被大象踢疼了，咬了大象一口就钻进地洞了。大象怒道："小样，躲得了初一你躲不了十五。"不一会儿，蚯蚓从地洞里爬了出来，大象向前踩住它的脖子喝道："你爹呢？"）

师：同学们，好的视力重不重要啊，所以我们在平时的学习中一定要好好保护我们的眼睛，用正确的姿势读书和写字。

（设计意图：写字的姿势在学习阶段尤为重要，因为它不仅影响孩子的书写质量，还影响孩子的眼睛、脊椎。在这一环节，我先让孩子们学写字歌，出示正确的写字姿势给孩子们看，让孩子们对正确的写字姿势有直观的认识，再通过对几张图片正确与错误的判断来加深孩子的认识，最后通过一个故事让孩子在轻松愉快的情况下明白没有好的视力对我们的生活将产生很大的影响。整个环节轻松愉快，没有说教，老师引导，学生自主学习、领悟，孩子们在愉快的氛围下获得了知识。）

师：同学们，这节课我们主要学习了课堂上我们应该遵守的一些课堂常规，上课前我们应该……（读儿歌），课堂听讲、回答问题我们应该……（两首儿歌），写字时我们应该……（儿歌）

师：同学们，你们真棒，相信通过今天的学习你们已经知道课堂上我们应该要怎么做了，老师期待你们以后在课堂上精彩的表现。加油！

《乐乐去实践》四季专题：

《乐乐去实践》旨在让学生在实践中获得亲身参与实践的积极体验与丰富经验，加深对自然、社会和自身内在联系的整体认识，培养他们对自然的关爱和对社会、对自身的责任。《乐乐去实践》四季专题根据学生不同年龄的心理、生理特点分为六个年级的活动，采取实践活动形式，层层递进，每个年级四个活动。一年级的四个实践活动是走进广州市儿童公园、广州蔬菜公园、广州长隆野生动物园、广州中山纪念堂；二年级是走进广州动物园、广州萝岗区香雪公园、广州文化公园、洪秀全故居；三年级是走进广州雕像公园、广州云台花园、黄埔军校旧址纪念馆、越秀公园；四年级是走进白云山、宝墨园、黄花岗公园、广州塔；五年级是走进广东省博物馆、帽峰山森林公园、烈士陵园、岭南印象园；六年级是走进广州革命历史博物馆、广州长隆欢乐世界、广州南沙湿地公园、增城绿道。

《乐乐去实践》由德育处统一计划和部署，由老师和家长一起组织开展活动。每一个地点、每一项活动都有明确的活动目的、活动形式。同时，孩子们在活动后通过《乐乐收获多》来总结自己的活动感受和经历。这六本教材引领学生跟随学校吉祥物"乐乐"走进工厂，参观现代化科技制作的场所，让学生跟随"乐乐"的脚步走出校园，走向美丽的社区，走向美丽的大自然，让孩子们在实践中成长。

教师感言：

与传统的学校教育不同，课外实践是一次教育方式的创新，它把学生带离校园，带离课堂，或者说，把生动鲜活的社会生活、生产实践、文化场所、自然环境当成另一种课堂，寓教于乐，且游且学。正如古人讲的"读万卷书，行万里路"，《乐乐去实践》让孩子们增长了知识，增强了团队协作能力，培养了良好的兴趣，是二小受师生欢迎的特色课程之一。

学生感言：

如果说读书学习是用知识丈量世界的广阔，那么社会实践就是亲自用脚步来丈量世界，体会自然的伟大，感受生活的美好。在实践中，我们去了南沙湿地公园沐浴清晨阳光，聆听嘤嘤鸟鸣，回想"零丁洋上叹零丁"的历史，感受"春潮带雨晚来急，野渡无人舟自横"的意趣。我们泛舟湿地，微风拂煦，河水轻流，两旁是苇影依依，空中飞鸟盘旋……若不是亲自接触，我们怎么会知道什么叫诗意？

在实践中，我们合作探索，锻炼胆量，互相学习。我们穿过熙熙攘攘的人群，坐上悬于空中的过山车，感受风从耳边呼啸而过，体验蜿蜒的轨道带来的惊心动魄；我们还套上救生衣，在潺潺水声与花香鸟语之间，享受丛林漂流，感受清风徐来，波光粼粼；看水花跃起，飞珠溅玉……

《乐乐去实践》带领我们走出校园，走向世界，让我们在拥抱自然中增长了见识，在拥抱生活中培养了能力，学到了很多书本上学不到的东西，我们大家都迷上了这门课！

家长感言：

《乐乐去实践》是二小开展的社会实践活动课程，它让每个孩子在实践中都获得了亲身体验，从而加深了孩子对自然和社会的认识。实践活动有关于自然的，如畅游广州蔬菜公园、广州长隆野生动物园、广州动物园、香雪公园等；也有关于历史文化的，如游览洪秀全故居、广州中山纪念堂、宝墨园、广东省博物馆等；还有关于爱国教育的，如参观广州革命历史博物馆、黄埔军校旧址纪念馆等。孩子们在实践活动中收获的不仅是知识，还有能力。实践活动既让孩子们接受了科普与历史的教育，又打开了一扇通往社会的窗，增强了少年儿童认识社会的能力，增加了他们的社会阅历，帮助他们健康成长。希望此类活动多多举办，成果多多展示！

一次拓展实践活动后学生写的文章：

不放弃，我的队友

——记六年级拓展训练

"不抛弃，不放弃！"这句话，第一次听到是在《士兵突击》中。之前，我并不理解它的意思，直到这一次……

这次的拓展活动内容有很多，也很有趣，不过，最让我难忘的还是那个不是游戏的游戏——穿越生命线。

"穿越生命线"的游戏规则很简单：①不能触碰红线及以下部分；②不能说话，除了指挥官之外；③不能抛弃自己的队友。

随着一声令下，游戏开始。五个班都开始想方设法地让自己的队友过去，因为大家都知道，只有这样，才能让自己的伙伴在当时的背景下活下去。渐渐地，十五次机会用完，五位指挥官开始做俯卧撑。刚开始，大家都觉得很可惜。但随着一次次地犯规，俯卧撑从一个、两个，变成三十二个。许多人看见自己的队友、自己的指挥官做俯卧撑做到极限，开始抹眼泪。再后来，我，哦不，是我们，都已经自动选择无视第二条规则，都情不自禁地吼了出来："加油！努力！"因为我们班还是不懂技巧，所以运送的人最少。旁边的班级除了他们班的指挥官，剩下的全部运到了对面。那位指挥官冲着我们班吼道："快点多来几个人啊！"我们几个女生应声而去，第一个是我，对面虽然不是我们班，但他们依旧接住我。就这样，一个又一个地过去了。

终于剩下最后一位没过来了。他是一位指挥官。我们都向他伸出了手，想让他过来。但是，他的手臂因为做了太多的俯卧撑，送了太多的人过来，几乎没有知觉了。他选择让我们成功，自己一人失败。我们整个年级站在红线的那一头，大声喊着："回来！不抛弃，不放弃！不抛弃，不放弃！"他慢慢地退了回来……我们整个年级完成了这项几乎不可能完成的项目。

我看见整个年级在红线的两头接送队友的时候，不管是男生还是女生，都在帮忙。男生在接人，女生在帮忙看着衣服、手肘、头发、手表什么的不要碰到所谓的"生死线"，而那些力气较小的同学，就在一旁喊着："加

油！二小！加油！二小！"这是在任何时候都极少见到的，整个六年级所有的人、所有的班级都把所有的个人恩怨、班级恩怨抛之脑后的一次！我们不再是一个人、一个班，而是整个六年级，整个二小！

这一幕，好似在哪儿见过，对，是《士兵突击》中的一幕。许三多、成才、伍六一、史今、袁朗……是啊，我突然想到了，是钢七连的精神"不抛弃，不放弃"！我们不抛下任何一个人、一个队友，因为我们知道，我们是一个集体！一人失败，集体失败！在任何时候，我们都不要放弃我们的队友！是啊，已经六年了。伙伴们都要去不同的地方了。愿时光不老，六年不散；愿时光不再匆匆。六年，能重新续写"不抛弃，不放弃"的篇章！

《乐乐爱观察》专题：

我校校园自然环境整洁美丽，充满诗意，在优美的环境中引领学生参与"乐乐爱观察"活动，旨在培养孩子们细心观察和解决问题的能力，让他们更多地了解在美丽校园里的植物和动物，让更多的孩子在观察活动中了解并爱护它们，增强孩子们爱护花园式学校的意识。《乐乐爱观察》校本教程的活动丰富、形式多样，开设有"乐乐观鸟""乐乐观昆虫"和"乐乐观植物"系列观察活动。孩子们在老师的引领下，走进校园和周边社区的自然环境中去观察动植物，用各种观察方法全身心地参与活动，增强了孩子们的观察意识和能力。通过上网、查阅图书、了解并收集观察对象的资料来参与"乐乐爱观察"活动，使孩子们养成细心看、勤动手、爱实践、善思考的学习态度与习惯。

"乐乐爱观察"系列活动由学校科技组部署实施，由校内科技、信息组老师根据各自特长任教，并开发编写了《校园生物观察与探究之快乐观鸟》系列活动教材。校园里经常可见孩子们制作的"生物观察简介""观察小论文"等优秀作品，很多学生在区、市的"鸟类""植物"观察技能竞赛活动中取得了优异的成绩。通过"乐乐爱观察"系列活动，孩子们能更加关注身边的动物、植物，更加热爱大自然、保护大自然，更爱家园、校园！

教师感言：

我们科技教师希望能通过这样的校本教材，挖掘校内资源，让孩子们的科学观察从身边开始，从一草一木开始。看着孩子们从好奇到思考，从观察到爱护，我们由衷地感到开心和幸福。孩子们在掌握动植物常识的同时，也增强了环保意识，对自然和生命有了更深刻的理解和敬畏。我想这就是我们科技工作所追求的教育！

学生感言：

自从我参加了植物观察活动，我就对植物刮目相看了。我一开始以为植物是可以食用的、观赏的，可是我参加了活动之后发现植物不但有这些功能，而且还有很多种类！仅广州的野生植物就有1800多种，令人难以置信的是，植物和动物居然有着共生的关系，太令人惊奇了！

家长感言：

孩子对大自然充满热爱，她喜欢身边的花花草草，尤其喜欢自由翱翔的鸟儿。她常常抬头仰望，看着鸟和鸟巢她会莫名地兴奋。每次去爬山或者去公园的时候，她都会特别关注鸟儿。每次看到鸟巢被人捅掉，或者鸟儿被人射落，她都会很伤心。她常常和我们探讨为什么人类不能和鸟一起愉快地共存，人类为什么总是伤害小动物？通过对鸟的观察和了解，她的观察力得到了提高，也对大自然有了更多的关爱和敬畏，对人与自然的和谐共处有了很深的期待。

2. 微笑六节个性项目

微笑六节个性项目是一个全年布局的主题化、系列化、节日化的特色项目，旨在鼓励孩子们展示自我、张扬个性、树立自信。学校每月都有一场大的活动节，让孩子们在校园生活学习中感到节日不断、快乐相随，同时很好地为"微笑教育"培植了文化土壤。

科技创意节（3月）、趣味数学节（4月）、多彩艺术节（5月）、快乐读书节（10月）、缤纷英语节（12月）、活力体育节（11月）。

每个节日都设定了相应的主题，并开展了丰富的活动。科技创意节有"小小科学家""校园科技创新大赛""电脑制作""科技小论文比赛"等活动；趣味数学节开展了移火柴、七巧板、算24点、数学舞台剧、数学日记等活动；多彩艺术节有音乐律动游戏、校园十大小歌手、器乐比赛、小组唱比赛、师生书法比赛、现场绘画创作等活动；快乐读书节有图书漂流、读书征文、书签制作、手抄报、诗配画、诵读表演、诗歌创作、戏剧表演、故事创编、校园十大小作家等；缤纷英语节开展了英语书法比赛、英语手抄报比赛、英文歌曲大赛、演讲比赛等；活力体育节开展了节徽、校旗设计比赛，

中国舞、啦啦操、拉丁舞、自编操和柔韧性比赛，趣味亲子运动会，田径运动会，师生乒乓球比赛，师生羽毛球比赛等。

丰富多彩的节日课程很好地为孩子们提供了展现自我、张扬个性的舞台。科技创意节推动了"科技小达人"的诞生，艺术节催生了"学校合唱团""古筝队""舞蹈队""小苹果乐队"，读书节培育了"校园十大小作家""小雏鹰广播站"，体育节壮大了"羽毛球队""武术队"。孩子们通过精彩纷呈的节日课程，感受到了学习的快乐，体会到了绽放的精彩，收获了满满的自信，得到了健康、快乐的成长。

民族文化体艺节

3. 周一社团专项活动

为了让所有孩子都有机会发展特长，我校对每周一次的微笑社团课程进行了开发与探索。我校社团课程重在动手实践和开拓思维，旨在培养兴趣、拓宽视野、挖掘潜能，让每个孩子在丰富多彩的课程活动中发现自我并快乐地成长。社团活动内容丰富、形式多样，已开设30多个课程。语文科有语言艺术、校园解说员、课本剧与戏剧社、妙笔生花小作家等，数学科有七巧板、火柴棒、数独、魔方等，英语科有攀登英语、迪士尼英语等，音乐科有合唱、古筝、舞蹈、葫芦丝、形体礼仪等，美术科有篆刻、泥塑、硬笔和软笔书法、剪贴画、摄影、剪纸、十字绣等，体育科有田径、羽毛球、乒乓球、武术、小足球等，科技组有小小科学实验家之生物、天文、化学、物理等实验课程。

我校社团活动由教学处统一计划和部署，由校内老师根据各自特长开设并任教，并发动有特长的热心家长来校义务任教。我校社团活动成果丰富，校园里到处都是学生的书法、绘画、泥塑、折纸作品展，班级门口都是孩子们的精美阅读卡和优秀作文展，午读、课间经常看到孩子们兴高采烈地玩七巧板、魔方、数独，学校舞台上，舞蹈、合唱、音乐剧、器乐等精彩纷呈。每个学期末散学典礼上的"优秀社团展演"成了孩子们活力飞扬、展示自我的自信舞台。经过社团课的学习与成长，我校学生在全国小小科学实验家、羽毛球、器乐等比赛中均屡获佳绩。学校也先后获得了市羽毛球特色学校、市小学数学游戏项目实验学校、全国小小科学家实验校等称号。

活动1："童筝畅想"圆孩子古筝梦

每年金秋九月，我校"童筝畅想"古筝乐团都会迎来一群新的"小演奏家"，他们都是习筝有一年以上基础的孩子。对于每届新进来的"小演奏家"，老师都是以观摩音乐会的形式进行简单的选拔的，在此之前孩子们都是独自学筝、习筝，独自陶醉，较为枯燥，也少有上台展示和比赛的机会，对自己的技巧和程度也不太了解，家长们也一知半解，进步较为缓慢，孩子也慢慢失去了兴趣。"童筝畅想"古筝乐团就是要帮助孩子们认清自己学习古筝的正确方法、方向，提高孩子们的专业技能、技巧和团队合奏、重奏和表演能力，为孩子们提供展示的舞台，锻炼孩子们的心理素质和综合素养。

该课程有一系列的练习曲、乐曲资料教材，老师的声部清晰，音乐记号明确，乐曲难易程度由浅入深，教师授课轻松愉悦，让孩子们在古筝的琴音中，陶冶情操。课程内容分为名曲鉴赏、技能训练、自主与合奏、排练与展示四个模块。名曲鉴赏的主要内容是通过欣赏一些优秀的名家名曲古筝作品，让学生体会曲目情感的变化，感受古筝的魅力，从而激发学生对古筝的兴趣，使其产生对古筝演奏的向往。技能训练包含古筝中最基础的"勾、

托、抹指序"等技巧、触弦技巧、音乐表现力训练、肢体语言训练和气息训练。通过传授弹奏技能，学生能够正确地弹奏，音色更加饱满，打好了基本功，为表演做好准备。自主演奏主要内容为分小组自主选练习曲、自主合作的活动，让学生们通过合作练习，展示表演，最后用排练与展示的方式，给全体古筝队学生共同编排一首作品，在学期末展示。在排练的过程中，教师点化指导，让学生自主修改，最后让学生将自己的成果展示给观众。

教师感言：

每到要招募新成员的时候，我都是既带着对毕业的古筝乐团老成员的不舍之情，又怀着欣喜的感情迎来了一批新"苗苗"。他们的眼神那么纯净、渴望，琴音又是那么稚嫩和陶醉。"童筝畅想"古筝乐团课程让孩子们充分感受了中国古老传统乐器古筝曲目的美和情，让孩子们掌握古筝的弹奏技巧、气息、表演与技能，提高孩子们的表现力和心理素质，提高团队的重奏、合奏能力，让他们以后可以参加各种舞台表演和比赛。老师会给予他们正确的引导和方向，希望每个孩子都能成为"小小古筝演奏家"。

学生感言：

我进古筝社团啦！我进古筝社团啦！刚听到这个消息时，我兴奋得跳了起来，恨不得让每个人都知道。你知道吗？每次从音乐室经过，听到里面动听的古筝曲声，我心里都特别羡慕。我暗下决心，回家一定要好好练琴，争取成为古筝社的一员。这学期初，我终于如愿进入古筝社团。在这里，我认识了好多哥哥姐姐，他们给我讲了很多有关古筝比赛的趣事，给我演示了很多弹古筝的技巧，我好喜欢他们呀！现在，每周三社团课，我们都一起上古筝课，好开心呀！我心里有一个梦想——将来成为一名优秀的古筝演奏家！我希望我们班更多人来学古筝，将来一起表演古筝，一起开启我们的古筝梦！

家长感言：

在孩子学筝的路上，我和她爸的态度一直都很坚定。孩子从一开始欢天喜地地练，到后来的"三天打鱼，两天晒网"，我们也很无奈。每天变着各种法子哄着她练，但效果甚微。直到有一天，她放学回来突然说："爸，妈，你们不用担心，我一定会好好练琴的，我一定要进学校的古筝社团。"我和她爸相视一笑，半信半疑，觉得这古筝社团有这么大的魔力吗？从那以后，孩子真的是很认真地练，有时还陶醉其中。这学期她如愿进入了"童筝畅想"古筝乐团，每周都盼着上周三的古筝课。进入乐团之后，她变得更自信，更有勇气了，更愿意参加团体活动了，更喜欢古筝了，学习也更有动力了！我和她爸都很欣慰。感谢学校，感谢古筝乐团，感谢老师，给孩子们创造了一个这么好的课程，让孩子们有更多的机会展示自己。最后，祝愿我们的"童筝畅想"古筝乐团不断壮大！孩子们越来越优秀！

活动2："快乐轮滑"滑出孩子的美丽童年

轮滑运动是穿着特制轮滑鞋在平整的场地上进行滑行的一项体育运动。轮滑运动分为速度轮滑、花样轮滑、轮滑球三个项目。校本课程主要针对速度轮滑、花样轮滑中的自由式平地花式绕桩进行教学。速度轮滑是速度和力量的结合，自由式平地花式绕桩是音乐、舞蹈、技术的融合体，非常具有观赏性。轮滑体育运动主要练习学生身体的协调性、灵敏度、平衡性等，从简到繁、从易到难，循序渐进，使学生掌握轮滑运动的技巧，帮助他们建立自信，增强他们对集体意识的认知，深化精神的领悟。

"逆风飞翔，快乐轮滑"是轮滑课程的课程理念。我校校园环境优美，学生阳光活泼，学校活动场地大，超过一半已经硬化，具备轮滑运动条件。轮滑学习教育教学活动，能为学生兴趣的深入挖掘提供更多的可能。

教师感言：

作为轮滑老师，做到耐心教学是很重要的，但是除了耐心，也要做到充分调动学员的积极性。我每次都是振奋精神、情绪饱满地上课，用自己的言行和灵活多样的教法去感化、影响学生，在课中注意安排提高学生兴奋性的练习并结合学生课堂中的练习表现，辅以适当的语言刺激，活跃课堂气氛，使学生保持适宜的兴奋状态和良好的心态。一开始我带的学员都很调皮，他们学了一会儿就想去干其他的事情，让我很头疼，于是我就想到了一个办法：上半节课教他们如何踏步，如何摔倒了自己站起来，以及如何过S桩；下半节课就跟他们玩游戏。每次都和他们玩不同的游戏，有时候玩火车拉

龙，有时候穿着鞋子进行捡杯子比赛。这样的教学能让他们认真听课，而在游戏中也无形地提高了他们的滑行技术并加深了学员与学员之间的友谊。就这样孩子们对轮滑运动的兴趣越来越浓了。

学生感言：

第一次穿上轮滑鞋，我在同学的搀扶下，依然挪不动步子，我害怕迈出那一步。但是，在老师的指导下，我坐在地上，规范地穿上轮滑鞋，终于颤颤巍巍地站了起来，享受到了一种双脚离地的美妙感觉。接下来，我学会了穿着轮滑鞋一步步地行走，到最后已经能够穿着轮滑鞋在场地上自由地滑行。轮滑是一项容易掌握的体育运动，任何人都能很快地学会它。但对于很多人来说，初次接触轮滑时，心理上会产生一种畏惧感——担心摔跤。第一次上课，一个不小心，我就摔在了地上，当时眼泪就涌了上来。不过，我没有因此而放弃学习，学习这项运动，这些小的挫折总是难免的。在真正地穿着轮滑鞋平稳顺利地滑出去的那一刻，我觉得这项运动是那么美妙；离开地面，轻轻地用力，像一条平滑的曲线一样，滑出一道美丽的轨迹。

在这个学期的轮滑课上，我感受到了轮滑运动带给我的快乐，感谢老师对我的指导与帮助。

家长感言：

一周紧张的课程上下来，女儿最期待的就是周三下午的轮滑社团课了。"我们欢呼雀跃，全身好像迸发出无穷的活力，每一个细胞都在渴望运动。"女儿这样形容她和同学们此时的心情。童年是快乐的，游戏和运动是孩子们快乐的源泉。在美丽的校园里，课堂上的春风化雨会滋润孩子们的心田，课堂外的跑跳玩耍能强健孩子们的筋骨，两者缺一不可。在游戏中锻炼，在运动中享受快乐。40分钟的社团课，得益的会是一整天；参与的是一个个学生，得益的却是一个个家庭。快乐轮滑，阳光下欢腾的孩子们最精彩！

活动3："泥塑社团"塑造生活的美好

每周三孩子们都微笑着迎接丰富多元的社团课，踏着快乐轻盈的步伐走进童趣满满的泥塑社团大门。泥塑是中国民间历史悠久、流传广泛的一种手工艺术形式，它表现了人民群众的喜怒哀乐，表现了生活生产的情景，具有强烈的地域特征和乡土气息，是我国的一大民间艺术特色。《泥塑社团》

校本课程是提高孩子们的动手能力和创新能力的应用类课程，是寓教于乐，为培养孩子们的动手动脑能力，促进他们的眼、手、脑协调发展，激发他们的创造天赋，培养他们的艺术气质而研发的。每个孩子都是玩泥高手，玩泥是孩子的天性，同时彩泥又是一种独特风格的游戏，在制作中左右手同时操作可以调节思维、平衡左右脑智力开发。俗话说"心灵手巧"，这句话很有道理；反过来，只有手巧才能心灵。该校本课程以"童趣彩泥，我行我塑"为理念，内容分为四大板块："开启快乐的彩泥之旅""学习简单的技法大招""专题DIY的头脑风暴""学生创意思维大比拼"，引领孩子们遨游泥塑世界。该校本课程有着成熟的教学模式，孩子们跟着老师的步伐，快速掌握动手基本功，很快就能自己进行创作，轻松愉快、我行我塑，表现力丰富，吸引了无数粉丝。

每学期社团课伊始，老师都依托成熟的教学资源进行泥塑社团教学，孩子们先了解揉、捏、剪、挑、压、粘、贴等方法，然后学会彩泥制作的方法和技巧，增强动手能力，并与同伴在合作创作的过程中体验合作、分享和发现的乐趣，增强团队合作意识；懂得学以致用，能用自己所学的知识塑造出各种动物、人物形象或者祖国自然风光、家乡传统文化、风俗节日等，增强创新意识；加强家校联系，定期举行"多彩艺术节""趣味手工比赛""马勺制作"等活动；挑选好的苗子进行专项队的培养，家长给予帮助与监督，助力孩子快乐进步。孩子们把天马行空的想法都表现在每一件作品上。看那专注的眼神、灿烂的笑容，正是这份热爱让孩子们不断前行，创造了更多的优秀作品。

教师感言：

每学期开始，我们都会迎来热爱泥塑的孩子。如何让孩子们变得心灵手巧，怎么样在短时间内让孩子们成为泥塑高手，更好地调动他们的积极性，成了老师要思考的问题。泥塑社团通过"开启快乐的彩泥之旅""学习简单的技法大招""专题DIY的头脑风暴""学生创意思维大比拼"四大板块引领孩子们快速了解泥塑，以及举办校园艺术节、手工大赛等活动，给孩子们创造更多表现的舞台。在培养孩子动手、合作、创意等的过程中，老师总结出了丰富的经验。

学生感言：

我报名参加学校泥塑社团活动以来，觉得这是一个非常好的社团活动，它让我在活动中锻炼了动手能力，培养了胆量。在社团老师的指导下，我不仅对泥塑课的内容有了深刻的了解，也深深地感受到了艺术的美丽。我们亲自动手制作的各种小作品，是多么可爱、多么漂亮啊！我真要感谢学校给了我们这样难得的实践机会，感谢为了我们的进步而努力付出的老师。我将会把这些美好的时光永远珍藏在自己的记忆中。

家长感言：

在孩子主动报名参加学校泥塑社团课后，我发现孩子更快乐了，她选择了自己喜欢的社团活动，在快乐中学习成长。玩泥是孩子的天性，一团团"泥"在孩子们手中变幻着，是创造，是游戏，是能锻炼孩子动脑筋的一种创作方式。在老师们的悉心指导下，他们将心中美好的事物通过泥工的制作，以立体的形式表现出来，用彩泥这种媒介，记录对生活的感受，获得自由创作的快感，这是孩子们进行泥工创作活动的意义所在！感谢学校，感谢老师！

活动4："英语童谣"谣出英语趣味

兴趣是英语学习的先导，而英语童谣则是兴趣的灵魂附着物。把枯燥的英语学习变成愉快的童谣学习，使人愉悦；英语童谣使学生的词汇量得以补充，能使学生愉快地学习英语，轻松学好英语；能让学生在英语中寻找律动，在英语中收获真知实践。本校社团"攀登英语口语"歌曲童谣班以北师大出版的攀登英语一级A和一级B作为学习教材。书中的内容丰富生动、语言浅显、节奏明快，结合了词的韵律流动感，所以具有可以唱诵的特质。对于一二年级的学生来说，英语童谣是活在孩子们口头上的英语文学。英语童谣教学，能让学生通过聆听、唱诵儿歌的形式兴趣盎然地学习英语，同时，通过综合运用活动性、直观性、讲授性的教学方法达到其独有的学习效果。

一年级的小朋友，大多数都是刚开始学习英语，不但对身边的事物充满好奇，有着强烈的学习愿望，而且对语言有着特殊的领悟力，同时他们喜欢唱唱跳跳、玩玩闹闹，英语童谣正好符合他们的年龄特点。本社团主要以培养学生对英语的兴趣，激发学生的学习动力为目标，为孩子们高年级英语的学习打下良好的基础。

教师感言：

《普通高中英语课程标准（2017年版）》强调激发和培养学生学习英语的兴趣，并在规定的各级目标中提出学生必须"能够演唱英文歌曲若干首"的具体要求，提出通过英语歌曲及歌谣培养学生的兴趣及审美情趣。欣赏英语歌谣是一种接受语言环境熏陶的方式，也是学好英语的基础。英语歌谣唱得好的人比不会唱的人对英语的语感更好、发音更标准、语言更流畅、听觉更敏锐……

本社团的理念是："感受童谣之美，展示童谣之魅。"通过有趣的童谣展示，让孩子们在快乐的氛围去学习英语，感受英语的韵律之美，从而提高孩子对英语学习的兴趣以及积极性；通过童谣哼唱，让孩子在轻松的环境中收获知识。

家长感言：

近几十年中西方经济文化的交流越来越紧密、频繁，英语已经成为一种重要的沟通工具，我们从幼儿园阶段就开始注重加强孩子的英语听读能力，奠定了较好的基础。进入二小后，孩子有幸加入英语社团，进一步提升英语能力。英语社团通过英语歌谣、英语故事、英语短剧等方式不断激发学生的学习兴趣，不断开阔学生的视野，不断巩固学生口语的语感，不断加强学生词汇的积累，为学生建立自信、展示自我、发展自我搭建了广阔的舞台。孩子通过英语社团，更加深刻地体会到"No Pains，No Gains"的真正含义，我们也希望孩子在不久的未来能用英语弘扬中国文化。

学生感言：

读幼儿园的时候，我曾经荣获全国少儿英语口语大赛总冠军。进入二小加入英语社团，在这里我可以继续学习我喜爱的英语，还认识了新的老师和小伙伴，非常开心。社团的英语歌谣、故事和短剧让我觉得学习英语是一件有趣的事情，回到家还可以和爸爸妈妈一起分享这种快乐。二小的小伙伴们，快点来加入我们吧！

"S"课程 （Self & Cociety） 自我与社会 课程	"M"课程 （Method of Science & Exploration） 科学与探索课程	"I"课程 （Interest of Art & Aesthetics） 艺术与审美课程	"L"课程 （Language & Communication） 语言与交往 课程	"E"课程 （Exercise & Health） 运动与健康 课程

教育哲学："微笑教育"

办学理念：今天，你微笑了吗？

课程理念：让孩子微笑每一天

课程模式：Smile课程

品德与生活 品德与社会 心灵家园 安全体验 乐乐上学了 乐乐懂感恩 ……	数学课 科学课 信息技术 综合实践 科技创意节 趣味数学节 玩转数学 科学小星星 乐乐爱观察 乐乐去实践 寒暑假综合实践 ……	音乐、美术 多彩艺术节 微笑社团 能说会道 舞出精彩 歌声与微笑 乐乐当家 童筝畅想 彩墨欢歌 笔墨书香 我行我塑 形体礼仪 葫芦丝 摄影 绘画折纸 戏剧社 ……	语文、英语 快乐读书节 缤纷英语节 诵读经典 英语沙龙 普通话与口才 攀登英语口语童谣 英语自然拼读 迪士尼英语学习 英语报刊阅读 ……	体育与健康 活力体育节 羽球飞扬 乒球跳跃 快乐足球 全力以赴 卧虎藏龙田径 快乐滑轮 ……

（育人目标：品行善良、聪慧好学、活力飞扬、才艺多元）

广州开发区第二小学"Smile"课程结构树状图

（三）微笑课堂（"三F"课堂）

围绕"微笑教育"设计开发的特色校本课程有了，但是国家课程以及地方课程怎么践行"微笑教育"理念呢？难道说要改国家和地方课程的课标？国家课程的校本化到底指什么？为了学校，基于学校，在学校里，是校本化的原则。明白这一点，我们就容易把握"微笑教育"发展理念下的国家和地方课程校本化了。我们不主张把国本和地本改得面目全非，我们主张在课堂教学改革中，践行"微笑教育"理念。

于是，对于国家课程，实行课堂教学改革，构建"微笑课堂"模式；对于校本课程，实行特色课程改革，构建"微笑课程"。用这两种方法，巧妙解决国家课程、地方课程、校本课程的三级课程管理的问题。

二小的"三F课堂"是践行"微笑课堂"的精准有效的模式，具有科学性、先进性和创新性，是对我国"微笑教育"的重要贡献。

附：

三年级第6册音乐教学《恰利利，恰利》

廖 慧

【教学内容】

花城版音乐三年级第6册《恰利利，恰利》。

【教学理念】

"微笑课堂"追求"教给知识，留下微笑"的教学理念，意在让教师通过发挥自己的主导作用和教学艺术，积极地利用多种教学手段，为学生创造宽松愉悦的学习氛围，从而达到传授知识、教给方法的目的。为此，本课教学要在"学生为本—教师主导—师生互动—情智互动"的基本教学模式框架下，让学生在音乐实践活动中享受美的愉悦，得到情感的陶冶，在培养学生的表现能力、审美能力的同时，让学生掌握简单的二部轮唱和为歌曲编排舞蹈动作的方法。

【教材分析】

《恰利利，恰利》是一首印度尼西亚民歌，表现了庄稼人的劳动热情。歌曲标题是印度尼西亚语中的衬词，歌曲的节奏型是×××××｜×××｜。全曲共五句，除第五句衬词的节奏有些变化外，其余全部都以基本节奏型贯穿全曲。第五句分成两个声部，第一声部先唱，第二声部是第一声部节奏的浓缩和模仿，用P的音量衬托在第二声部的长音中，好似回声的效果。

【教学目标】

一、知识目标

学会简单的二部轮唱法，会控制唱歌时音量的强弱，较好地表达歌曲内容。

二、能力目标

1. 能用轻松有弹性的声音演唱歌曲。

2. 学会简单的印度尼西亚舞蹈动作，并尝试为歌曲编动作。

三、情感目标

1. 通过学唱印度尼西亚民歌《恰利利，恰利》，让学生感受印度尼西亚的民族风情和音乐文化特色。

2. 激发学生热爱劳动、热爱生活的情感。

【教学重难点】

1. 找到回声的感觉，学会二部轮唱法。

2. 力度记号的合理运用。

3. 为歌曲编排舞蹈动作。

【教学策略】

微笑导学—微笑示学—微笑活学—微笑研学—微笑赏学。

微笑导学。教师在微笑中引导学生在创设的学习情境中主动探索，自行发现问题，并运用"以趣诱学、以情诱学、以境诱学、以奇诱学、以疑诱学、以玩诱学"等方式来激发学生学习的积极性，使其具有强烈的学习责任感、旺盛的求知欲。

微笑示学。教师在课堂上微笑地范唱，富有表现力的弹奏、表演以及精练而有趣的讲解，让学生得到音乐美的享受和知识的满足。在示范教学中应注意：

1. 完整示范：通过教师的示范和学生的耳闻目睹，让学生对新的歌曲、乐曲有一个全面的、完整的印象和概括的了解。

2. 重点示范：歌曲中难唱的旋律，某些难咬的字词以及演唱情绪的示范。

3. 难点示范：技巧性较强、难度较大、学生难以掌握的地方的示范。

4. 教后示范：在基本掌握的基础上，教师根据学生的演唱再一次进行示范，提出新的要求。以加强和提高对音乐作品的理解、表现和想象。

微笑活学，学生在微笑的活动中变化地学习。教师在教学中通过看、听、说、想、做、跳等多种教学手段，营造轻松愉快、生动活泼的互动氛围，建立和谐的师生关系，从而使学生微笑地在动中学、变中学、做中学、玩中学、创中学，主动积极地参与音乐、感受音乐、表现音乐。

微笑研学。教师在微笑的学习情境中引导学生自主发现问题、探究问题、解决问题。

微笑赏学。教师在微笑的氛围中赏识学生的学习态度与行为。教学中注意与学生的情感交流，随时用肢体语言、表情以及夸奖鼓励的语言给学生以暗示，赏识学生的每一点进步，捕捉学生的每一个闪光点，不断挖掘每一个学生的潜力，给学生被关注的感觉，保持亲善友好的交流关系，建立学生的自信心，使其产生积极的心理效应。

【教学思路】

创设情境，激趣导入—探究新知，学唱歌曲—创设舞台，展示自我—喜悦畅谈，知识升华。

【教学准备】

钢琴、多媒体课件、节奏卡、导游小旗。

【教学过程】

一、创设情境，激趣导入

1. 自我介绍

导语："嗨，大家好！我是快乐旅行团的导游，今天要邀请我们班的同学来一次快乐的音乐之旅，好不好？"

2. 节奏学习

导语：为了防止走散，大家要跟紧导游，一个也不要掉队。先来学学快乐旅行团的口号吧。

师：快乐的朋友跟我来。

生：快乐的我就跟你来。（板书）

导语：下面让我们来拍拍节奏吧。

（设计意图：创设一个轻松愉快的学习氛围，通过"导游与旅客"的互动，把歌曲的基本节奏练习巧妙地嵌入其中，让学生在有趣的游戏中感受节奏，掌握歌曲的节奏型，为学习歌曲做好铺垫。）

3. 介绍印度尼西亚

导语：想知道我们今天的目的地是哪儿吗？今天我们要去一个美丽的国家——印度尼西亚游玩。大家边看画面边听导游介绍吧。

（设计意图：让学生在聆听和欣赏的基础上熟悉歌曲的旋律，了解印度尼西亚的基本情况和风土人情，激发学生的学习兴趣。）

4. 你唱我唱

导语：欣赏着欢乐的旋律和优美的风景，我们不知不觉来到了印度尼西亚最具魔力的山谷，打声招呼吧！

师：5 5 6 |，山谷回应我们。

生：5 5 6 |。

师：真不错，再来一次。（强调力度强、弱，提醒学生牙关打开，面带微笑）

师：6 6 5 |。

生：6 6 5 |。

导语：瞧，动听的声音把印度尼西亚的小朋友也吸引过来了，打个招呼吧。（出示歌谱，比较不同）

印度尼西亚小朋友：2/4　0　　　0｜5555　6｜0　　0｜6666　5‖

中国小朋友：2/4　5　5 6｜0　　　0｜6 6 5｜0　　　0‖

师：注意力度记号的变化及正确演唱。

```
                    p                      p
2/4 0  0 | 5555  6 | 0  0 | 6666  5 ||

        f                      f
2/4 5 5 6 | 0      0 | 6 6 5 | 0      0 ||
```

师：真不错。不过，老师希望中国小朋友的问候再热情一点，每一句都能跟印度尼西亚小朋友一起结束，试试看。

```
                    p                      p
2/4 0    0 | 5 5 5 5  6 | 0    0 | 6 6 6 6  5 ||
        啦啦啦啦 啦!            啦啦啦啦 啦!

        f                      f
2/4 5 5 6 | 6 - | 6 6 5 | 5 - ||
        啦啦 啦!          啦啦 啦!
```

师：让我们共同唱出最后的问候。

```
                    p                      p              f
2/4 0 0 | 5 5 5 5  6 | 0 0 | 6 6 6 6  5 | 6 6  5 ||
        啦啦啦啦 啦          啦啦啦啦 啦! 啦啦啦!
```

```
        f                    f                    f
2/4  5  5  6 | 6  -  | 6  6  5 | 5  -  | 6  6  5 ||
   啦 啦  啦!      啦 啦  啦!      啦 啦  啦!
```

（设计意图：创设良好的音乐情境，通过生动有趣的"魔力山谷的回声"游戏及声势动作，由浅入深、由易到难，循序渐进地解决歌曲难点，使学生在轻松愉快的学习中掌握二声部轮唱的方法。）

二、探究新知，学唱歌曲

1. 欣赏歌曲，感受情绪。

① 学生谈感受。

师：同学们听了歌曲后的心情是怎样的？

② 介绍歌曲。

③ 结合快乐旅行团的口号，学习歌曲难点。

导语：同学们在歌曲中找到这种节奏了吗？让我们一起来按节奏读一读这句歌词吧。

```
×  ×  ×  × | ×     ×     × |
qia li li qia li  qia  peng  peng ……
```

（设计意图：激发学生的回忆，让学生自己发现问题，并解决歌曲中咬字较难的拼音衬词部分的问题。）

2. 再次聆听，感受歌曲节拍、演唱形式。

导语：让我们再听一遍，请同学们拍出歌曲的节拍。

① 师：这首歌曲的演唱形式是怎样的呢？

② 介绍轮唱。

3. 教师范唱，学生模唱。

导语：请同学们模唱歌曲，并找到你觉得学唱困难的旋律。

① 注意安排学生二声部轮唱，并提醒学生注意力度记号、两个声部音量的控制，声音要和谐、自然。

② 提醒学生演唱姿势，牙关打开，面带微笑，轻声跟唱。

4. 老师钢琴伴奏，学生完整演唱歌曲。

5. 与老师接龙唱。

6. 用不同的演唱形式演唱歌曲。

导语：同学们唱得真好听，刚才我们运用了齐唱、轮唱的方式来演唱歌曲，你们还能想出其他的演唱方式吗？

（设计意图：由于在学歌曲前做了大量的铺垫，掌握歌曲已经是水到渠成的事情。通过学生的主动探究、自主学习，以及师生互动、生生互动等多种形式充分激发学生学习与参与的积极性，使他们学会并唱好歌曲。）

三、创设舞台，展示自我

1. 欣赏舞蹈。

导语：印度尼西亚的岛屿非常多，有"千岛之国"的美称，印度尼西亚的舞蹈更是种类繁多，素有"千岛千面"的美称。下面就让我们来欣赏一段印度尼西亚舞蹈吧。同学们边看边跟着学舞蹈动作。

2. 学习舞蹈动作。

3. 为歌曲编动作。（小组活动）

4. 学生展示。

5. 生生评价。

（设计意图：欣赏视频，帮助学生了解印度尼西亚舞蹈，充分让学生主动探索及自身体验，通过模仿、创编、合作等多种手段为歌曲编配上舞蹈动作。同时，通过自评、互评、师评等教学评价活动，为学生创设一个民主平等、共同进步的教学氛围。）

四、喜悦畅谈，知识升华

1. 学生小结。

导语：同学们，今天的印度尼西亚快乐音乐之旅就要结束了，你在这次旅行中有什么收获啊？

2. 老师总结。

（设计意图：学生谈感想、谈收获，教师总结升华。）

五、下课

导语：快乐的时光总是短暂的，还记得我们旅行团的口号吗？一起来。

师：快乐的朋友跟我来。

生：快乐的我就跟你来。

师：让我们共同期待下次的音乐之旅，同学们，再见！

第 五 章

文化物象化系统（外显）

一、学校CI识别系统解读

1. 校徽

校徽寓意为二小坐落在东江河畔、珠江之滨的广州经济技术开发区，经过全体开发区人的共同努力，开发区取得了辉煌的成就。二小像一个冉冉上升的太阳，学生像一只只搏击长空的海鸥，翱翔在知识的海洋中，他们将托起明天灿烂的太阳。

校 徽

2. 校色

蓝色外环象征二小是一个和谐的大家庭；红色的太阳象征二小是个冉冉上升的、充满希望的太阳；黄色的扇形象征二小坐落在东江河畔、珠江之滨

的广州经济技术开发区；蓝色的海鸥右边的翅膀象征东江，左边的翅膀象征珠江，腹部下方的海浪象征广博无垠的南海，意味着二小的学生像一只只搏击长空的海鸥，翱翔在知识的海洋中，他们将托起明天灿烂的太阳。

3. 校旗

校旗以白色为底，象征着二小学生的纯洁无瑕、天真烂漫。旗上下两侧点缀着二小的校色：海天之蓝。下为海，上为天，象征着二小的老师知识渊博，学生多才多艺，充满了智慧；也象征着二小师生心胸宽广，能悦纳、欣赏他人，体现了二小人自信、友善的一面。中间凸显校徽和校名，象征着二小新生犹如一张白纸，在二小"微笑教育"理念的熏陶下，在二小"微笑教师"的悉心培养下，每一个在二小毕业的学生都能成长为一只搏击长空、翱翔在知识海洋里的海鸥，他们终将托起明天灿烂的太阳。

校 旗

4. 校服

学生校服蓝白相间，蓝色是我校的主色调，寓意智慧与包容，是对大家的尊敬；白色体现了孩子们的纯真无瑕，朝气蓬勃，是对大家的热情。校服设计时尚，孩子们穿起来大方得体，每逢周一或有大型活动，孩子们都会高高兴兴地穿着校服回校。身着校服、面带微笑的孩子们就是校园里一道道美丽的风景线。

学生校服

5. 校歌

广州开发区第二小学校歌
《放飞梦想》

李悦新 词
王成勇 曲

1=D 2/4

迎着晨风　伴着朝阳　我们微笑走进课堂
沐浴春风　一路花香　我们热情拥抱朝阳

勤学善问　浸润书香　知识海洋里我们苗壮成
团结友爱　积极向上　春风雨露中我们健康成

长　　不畏困难　笑对生活　艺术的花朵
长　　全面发展　个性张扬　知识的天空

尽情绽放　啊　二小　梦想
自由翱翔　啊　二小　我们

孕育的摇篮　啊　二小　美丽人生
寻梦的地方　啊　二小　精彩人生

即将启航　精彩人生在这启航
在这启航

6. 精神体

学校吉祥物"乐乐"的形象实为一只张开五指的手掌。它头带校徽，绽放出灿烂的笑容，意为在"微笑教育"办学思想的引领下，学校培养出了一批又一批全面发展、个性张扬的快乐学生。"乐乐"以其平易近人、可爱快乐的卡通形象深得全校师生喜爱，成为传播学校"微笑教育"，联系"微笑"情感的使者。

学校吉祥物"乐乐"

二、校园景观文化展示说明

1. 校园环境建设融观赏性、实用性于一体

微笑书吧、微笑展示柜、微笑橱窗、乐乐当家，这些都从每个孩子的需求出发，只要孩子愿意，他就可以向全班、全校随时展示自己的任何作品，就可以接受伙伴们羡慕的目光。每个孩子都有机会绽放出最灿烂的笑脸，收获成功幸福的喜悦。

学生在微笑书吧读书

学生在棋苑下棋、读书

学生在乐园写生

2. 校园环境建设融艺术性、激励性于一体

校园环境建设从校门、教学楼、广场、长廊、主题景观等方面综合考虑，蕴含办学理念和办学特色，使之既具有一定的艺术性，又拥有一定的激励性，让校园的每个角落都充满微笑，使师生每天都浸润于微笑的文化氛围中。

校门口欢迎墙

校园十景——笛声童韵

校训石

3. 校园环境建设融尊重、和谐于一体

小桥流水、亭台楼榭、假山飞瀑、石刻雕塑、葡萄小径、科技长廊，皆蕴含了对孩子生命的规划与尊重。此外，学校师生最喜爱的乐园焕发着生命本源的勃勃生机。与此同时，学校还对校园景观进行了文化评价，把它们命名为"微笑十景"。这十处文化景观既独立成章，又相映生辉，形成景景相连、和谐共生、富含诗意的文化意境。

微笑学子谈十景：

一景：乐园飞瀑

朱颖彤　邓景捷

漫步学校内的乐园，发现，美，就在身边。

不必说乐园是个人山人海的游乐园，有应有尽有的娱乐设施；也不必说乐园是个花红柳绿的大花园，长满了鲜艳的花朵和挺拔的绿树。在我们眼里，乐园就是一片供我们玩耍的"天地"，一个美不胜收的"百花园"。

乐园里有几座假山，像禁卫军一样守护着乐园。不管是刮风还是下雨，不管是酷暑还是寒冬，它们都日夜守护着乐园。乐园里有各种各样的花草树木，有红的、绿的、黄的、白的……红里透白、绿里透黄，给乐园那身普通的衣裳染上了鲜艳的色彩。乐园里还有一个鱼塘，畅游着不同品种的小鱼，有大的、小的、红的、白的……乐园里还有"小动物"，有熊猫、鸭子、小鸡……顿时让乐园变得生机勃勃。有时，还会有瀑布从假山上流下来，那壮观的景色，真不愧是"飞流直下三千尺，疑是银河落九天"。

二景：坦心若谷

曾梓琪

走进校园，首先映入眼帘的是两块奇石——坦心石和若谷石。

坦心石如一颗奋发向上的心，袒露于绿草阳光之间，有"敞开心胸，迎向未来"之意；而若谷石的外形俯首沉思，有虚怀若谷之意。

暴雨后的坦心石和若谷石更是迷人。狂风暴雨过后，阳光懒散地照在二石周围，似乎稍一挤压，便会渗出沁人的蜜来。站在石头旁，洒落其上的片片树叶镌刻了一幅美妙的画卷：露珠还未蒸发，在叶间嬉戏。

在我眼里，她们并不只是两块普通的石头，而是两块奇石——有生命力！她们能与我交流，有言语，有表情，有精神，能传递正能量。

记得有一次，我考砸了。放学后，我闷闷不乐地走到坦心石旁边。我靠着石头，对她说："今天考差了，完全是因为粗心没检查，唉！"我似乎听见她在对我说："考差了没关系，下次要继续努力啊！像我一样，无论什么时候，都要奋发向上！敞开心胸，迎向未来！"

还有一次，与好朋友在玩游戏时，因误解了对方，而闹了矛盾。我伤心极了，跑到若谷石旁，向她倾诉道："她们为什么要怪到我身上？又不是我的错。"可我仿佛听到若谷石语重心长地安慰我："说不定是你误解了对方呢？任何事情都要先虚心听别人说完哦。刚刚我就看得一清二楚，确实是你有错在先。"我听了恍然大悟，立即主动向对方道歉，并将她们拉到两块石头旁，说："今天，我们来个桃园三结义！做一辈子的好朋友！"坦心石与若谷石好像听到了我们的对话，在阳光的照耀下微笑着。

坦心石、若谷石，你们不仅是我们学校最亮丽的风景线，更教导我们无论处在何种环境中，都要心平气和，都要坚强，不软弱，不动摇。在与同学的交往中，要彼此抛弃成见，聆听对方的想法，做到心胸宽广、思想积极，用乐观开放的心态对待学习、生活！

三景：葡萄小径

张佳琦

夏天，午后的阳光洒在葡萄架上，阳光立刻就变成一点一点的光斑洒在地上，密密麻麻的叶子将刺眼的阳光挡住，留下一片阴凉。葡萄架上的小葡萄，一个个晶莹剔透，如同一颗颗绿宝石，令人垂涎欲滴，恨不得上去摘两个尝尝。但是看到葡萄的守卫者——一只硕大的石鸟，我伸出去的手赶紧收了回来。石鸟仿佛在提醒着我：只许看，不许摘。好吧，爱护花草树林，从不摘葡萄开始。

一次，我路过葡萄架，校园的广播里正播放着一首好听的儿歌："阿门阿前一棵葡萄树，阿嫩阿嫩绿地刚发芽，蜗牛背着那重重的壳呀，一步一步地往上爬……"从此，我每次路过葡萄架的时候，就会不停地寻找，想看看那只"蜗牛"爬到哪了。遗憾的是，我一次也没看到蜗牛，不过令我惊喜的

是，因为长期的细心观察，倒是让我见证了葡萄发芽—长叶—开花—结果的全过程。因为知道了从发芽到结果漫长的过程，所以我对小葡萄就更加爱惜了。

每当课间的时候，站在教室前的走廊上，看着楼下的葡萄架，叶子随风轻快地舞蹈，不时发出沙沙的歌声，我就会感到格外轻松，每天都带着愉快的心情回到课堂。

四景：棋苑雅韵

温 鑫

我校的棋苑坐落在一片鲜花绿草环绕的树荫下，清幽安静。墙面上刻画着中国象棋和围棋的棋盘，旁边镌刻着"暗度陈仓"四字，地上摆放着石桌、石凳，用以对弈。

这边，两位同学在下象棋，分明已到关键时刻，红方同学皱眉看着棋局，好似已经是一盘死棋，却又暗藏无数翻盘良机，这让他颇费思量，举棋不定，时而把棋子在棋盘旁轻敲两下，时而将棋子举在半空迟迟不落。就在他愁眉不展，苦思化解之法的时候，犹似灵光一现，一子落下，登时笑逐颜开地望向对手，好像在说："这局被我破了。""哦！"旁观的同学异口同声地发出了一声赞叹，真可谓"河界三分阔，智谋万丈深"。

隔壁，两位同学在下围棋。这盘棋才刚刚开始，执黑子者先行。下棋素来讲究"先"字，棋谚有"弃子争先""宁失一子，不失一先"。围棋一贯有着"金角银边草肚皮"的说法，这两位同学，立二折三，立三折四，落子沉稳，举棋若定，果乃高手是也。

在这清幽的棋苑里，每天都上演着"楚汉争霸"的故事，但这里的氛围是轻松愉快的，对弈虽然紧张，输赢却谁也不看重，胜者固然高兴，可依旧虚怀若谷；败者即便失落，却也坦然，不求胜负，只为闲情逸致。正所谓："六分之一是棋才，醉翁亭里真快哉。"我喜欢这小小的棋苑，喜欢这一方休闲的乐土。

五景：笛韵声声

周阳霏

漫步校园品微风，忽闻草间笛悠扬。踏步上前仔细瞧，谁家小女坐石上？

这是我们校园操场入口、乐园旁边的一景——吹笛少女雕塑。她梳着两个小辫子，穿着一身简朴的衣服坐在石头上，眼睛微闭，吹着一根牧笛。看着她就感觉那笛声在耳边时有时无。她无忧无虑，看起来是那么认真，对牧笛是那么热爱。看着看着就感觉像自己的同学下课了坐在石凳上面享受着音乐带来的快乐，多么栩栩如生的一幅画面啊！

我也是一个学音乐的女孩，从幼儿园就开始学习古筝了，刚开始我极不喜欢，遇到困难总想放弃。可自从我从幼儿园升入小学后，便认识了她。每每在学习的过程中遇到困难，我都喜欢走到她身边，默默地看着她，仿佛耳边又响起了笛声，心中就出现了少女的牧笛声随着音乐节奏起伏的画面。她也仿佛在用笛声说："加油啊，不要放弃，咬咬牙，挺一挺就过去了。"每到这时，我心中就充满了力量，回到家里想想笛音少女，那股练琴的劲油然而生。

吹笛少女虽然是一座雕像，但充满了灵气。在我伤心的时候，她的笑容给予我安慰，让我心中豁然开朗；在我取得小小成绩沾沾自喜时，她提醒我千万不要骄傲自满；在我孤独时，她用笛声陪伴着我……她就像是我的好朋友，我知道她一动不动，不会笑、不会哭，永远都是那副表情，但她好像能理解我，能倾听我的心声，能和我一起探讨音乐的梦想……

这样的一座雕像，立在学校，真让我喜欢。也许以后我会忘记充满笑声的乐园，我会忘记挥洒汗水的操场，但我绝不会忘记这位"笛音少女"，就是这个充满灵气的雕像，一直陪伴我学习音乐，一直鼓励我坚持，一直让我在音乐的道路上有所成就。

六景：微笑书吧

熊 祺 孔嘉蔚

大堂中，四个书架、四根柱子、四圈天蓝色的木椅；楼梯底，拐角处，一排凳子、几个书柜，无不体现出微笑书吧沉静的气氛。每一页、每一本，在阳光的抚摸、时间的冲洗下被翻阅，掠过带着拼音的汉字，飘过卡通插图。与其他书本的排列不同，这里每一本书的书名摆在外面，书的页面摆在里面，每一本都是这样，书与书之间空出间隔，方便拿放和翻阅。一眼望去，所有书本排列整齐、有序，让人感觉仿佛置身于书海之中。

　　书本排列整齐的情况不是在老师的谆谆教导下才出现的，而是学生们用心灵浇灌出来的硕果。我们轻翻雪白的书页，缓缓欣赏着活泼的汉字，慢慢品味着书上的内容。读毕、合书，没有直接离开，而是静静地把书准确塞进书架，再大步流星地离开。每个人都自觉有序，把图书排得像矫正过的牙齿一样，单是轻轻一瞥，就叫人舒服！每本书、每页纸，像有房号的房卡一样，静静地躺在架子上，静静等待下一名阅读者的入住。书架的每个角落无不暖心细致，无不体现出我们对学校的爱、对阅读的爱。

　　记得某一年的某一日，当下课铃响过后，学校的"大喇叭花"又响起一段清脆悦耳的音乐，那是放学的节奏。我想："难得这么有空，去书吧看看书吧！"我踩着平底鞋，往书吧走去。

　　"到了！"我脱下沉重的书包，开心地雀跃着。我选择的是教学楼顶层六楼的书吧，因为我觉得那里人比较少，安静的环境会更利于我看书的效率。我随手拿了一本书，看也不看书名就坐下来翻看（因为书吧的书都是充满着趣味的）。我看得津津有味，仿佛已经过去了半个世纪，我还在看书。正当我看到精彩的地方时，意外发生了：三张书页毫无征兆地掉了下来，因为粘书的胶水松了一点点。我看到了，很不忍心，那么好看的一本书，怎么说烂就烂了呢？我突然想起今天美术课上用的工具还没有用完，就小心翼翼地拿胶水把书页粘了上去，我既想给读者一个好的心情，又想把这些书页"治愈"好。我不敢说我们学校的书吧是最完美的——看，书吧的书也会烂的，不过，我愿意用自己的一些小小的心意和一些渺小的力量去打造一个书香云集的"微笑书吧"！

　　在我们学校的书吧，学生们总是简单执着地为其他读者着想，心里的花也随之盛开、绽放。乐于付出的精神，牵着二小风光，伴着校园风范，卷着简单纯粹，拉着纯真执着，永生永世，开在我们学校最温暖、最灿烂、最美好的地方。

七景：科学长廊

李焕然

　　我们的学校虽不算大，但很精致。倘若你留心观察，便可以看到绿意掩盖下的棋苑、充满书香而安静的书吧和笑声不断的美丽乐园。但最令我难以忘记的地方是曾给我插上想象之翅的科学长廊。

科学长廊，顾名思义，里面的东西都与科学有关。而神奇的科学总是能带给我们无边无际的想象。当想象插上了翅膀，我们就能借科学的力量飞翔。这个长廊里有同学们利用废弃物制作的手工艺品，有小机器人展览区，还有小小科学家的获奖图片和一些神奇的科学用品。而我，最喜欢的就是其中的辉光球了。

对于辉光球的认识完全出于一次偶然。那天，我刚上到二楼，就看见一群人围在辉光球旁边，像是在谈论着什么。在好奇心的驱使下，我慢慢地走进了人群里面，看到了两个闪烁着五彩光线的玻璃球体。仔细观察，我发现辉光球是由正极与负极组成的，我好奇地将两只手轻轻地放在球面上，球体里面的电流居然开始顺着我的掌心移动起来。但没过多久，电流开始由蓝转红，我手上的温度也越来越高，硬撑了几秒钟后，我便抱着手哇哇大叫。知道辉光球会变热这个原理后，我越加感到它的神奇与好玩，于是我决定做一个试验。我拿了一片树叶，放在辉光球上，用力压住，电流果然传到树叶上去了。我紧张而期待地看着，果不其然，树叶开始冒烟了！旁边的同学高兴地欢呼起来，可没过多久，树叶冒出了点点火星，中间也开始出现小洞。

正当我和同学们因为这奇异的一幕而目瞪口呆之时，上课的铃声突然响了，我急忙踩灭树叶上的火星，和同学快乐地奔向教室。而奇妙的想象与欢快的笑声融在一起，久久回响在我的脑海。

科学长廊带给了我无限美好而奇妙的想象，也给我的想象插上了宽大的翅膀。有时候，我会静静地站在长廊的这头，仿佛看到爱因斯坦、爱迪生和牛顿等老一辈的科学家们正面带微笑、和蔼而慈祥地朝我走来。他们说：快快舞动你那想象的翅膀，去科学的蓝天上翱翔！

八景：羽毛球长廊

龙慕蓉

当运动健儿们在羽毛球场上奋力拼杀时，羽毛球长廊显得那么激情而富有活力；当蝉鸣声在羽毛球长廊边响起时，羽毛球长廊显得那么轻快而活泼；当轻风轻轻拂过羽毛球长廊时，羽毛球长廊显得那么宁静；当细雨渐渐沥沥地落到羽毛球长廊的窗台上时，羽毛球长廊显得那么神秘而高不可攀。

每当我漫步在空旷的长廊时，总是感慨万千。羽毛球长廊在学校二楼的环廊内，体操房的右边那一段长廊。长廊里有校园内的羽毛球高手的照片，那些威风凛凛的姿势，让不少同学羡慕。照片旁边的柜子里装着校羽毛球队的荣誉，那么多奖杯不仅仅是荣誉，还是我校羽毛球队的队员用辛勤的汗水浇灌出来的果实。抬起头，有好几句名言，如"运动是一切生命的源泉——达·芬奇"，激励着同学们。

我们学校的羽毛球在萝岗区可是名列前茅的，我们有专业的羽毛球教练，我们有经过专业训练的运动小健儿们。我们在2013—2015年"市长杯"比赛中表现优异。二年级时我有幸加入学校羽毛球队，当时学校的羽毛球场还没建好，我们只能在操场或走廊上练习，每天重复着体能训练，接触不到球，也曾想过放弃这枯燥的训练，但老师们的激励、其他运动员的恒心与毅力深深地感染着我。学校羽毛球场地建好后，全体运动员便投入到了积极与残酷的训练中。每一个冠军背后都要付出艰辛与汗水，我虽然不是主力队员，但能深深体会冠军的不易。我们班一位女同学就是这样的，在近几年中，她身为羽毛球队的精英，不管严寒酷暑，每天都刻苦练习，不管是枯燥的步伐练习，还是跳绳与长跑，她都很投入，没有丝毫偷懒与松懈。她高高抛起小小的羽毛球，轻跳、劈杀、高跳、封网，自由跳跃，迈步飞舞，热汗尽情挥洒，活力自由释放。因为训练强度太大，她每天累得都快趴下了。但我从未见她抱怨过一次，她每天都微笑地面对这些高强度的训练。功夫不负有心人，几年的汗水没有白流，她获得了萝岗区"市长杯"单打冠军。

一转眼，又下雨了，绿树成荫，仲夏的午后，金色的阳光经过羽毛球长廊那一排挺拔葱郁的水杉枝叶筛滤过后，照到蔚蓝色的地板上，分外亮丽。

九景：智苑慧海

启智存思小天台——智苑

蔡 逸

智苑，建于环廊一角，掩映在林木花草之间，乃通往操场的必经之处。苑中有一小木亭，精致古朴，四角、红瓦，阳光下甚为美观。古亭边，四周众星拱月般环绕着各色花草；侧面，一菠萝蜜树直指苍穹。春风过处，芳草鲜美，繁花似锦，十里飘香；夏风徐来，菠萝蜜树枝繁叶茂，硕果累累；秋风飘然，瓜果飘香，莘莘学子，留影智苑，定格永恒；冬风瑟瑟，它欣然屹立，以最动人的姿态迎接春的到来……无论季节变换、斗转星移，智园都和着二小师生的欢声笑语，与生机勃勃的乐园、与二小的一砖一瓦融为一体，组成了一幅美丽动人的画面。

《中庸》云："好学近乎知，力行近乎仁，知耻近乎勇，知斯三者，则之所以修身。"每每临于智苑，淡淡的木香味儿便让我广纳书香，凉快的木椅背让我头脑运转，对面的"天道酬勤"四个字让我变得更勤奋、更有智慧。这种宁静、祥和让我忘了自己，忘了世界，只觉血液缓缓流淌，不觉思维敏捷、神清气爽，奇思妙想应运而生。于是我便可遥想张良运筹帷幄，决胜千里；便可遥想诸葛亮羽扇纶巾，凭栏坐下，焚香抚琴，退敌十五万；便可遥想金戈铁马，冰河入梦……

"举目岂知新智慧，存思便是小天台。"智苑，便是这样一个启智凝神的好去处。

问渠那得清如许？为有源头活水来——慧海
黄 堇

学校的乐园前，在一方小草与花朵的怀抱中有一眼清泉。虽是一眼清泉，却广纳书香，充满智慧，所以我们把它称作"慧海"。每逢课间，同学们都不约而同地信步而来，或三三两两围着聊天，或独自低头静思。你们看：石头有高有低，高的一面，层层叠叠，引人向上；低的一侧，石头圆润、光滑，好像经过了时间的洗礼，让我们体会到踏踏实实地走好每一天，必将登上知识的顶峰。泉水从石缝里汩汩而出，从不断流，在下方汇聚成一汪灵秀的水。泉水是那么清澈、明净，天光、云影在水面浮动闪耀，这令我想到了南宋哲学家朱熹的《观书有感》一诗："半亩方塘一鉴开，天光云影共徘徊。问渠那得清如许？为有源头活水来。"

古人于半亩方塘之畔尚能潜心观书，从知识的海洋里源源不断地汲取养分，使其思想永葆活力、清新而不僵化拘泥。纵古鉴今，自己呢？一是自觉性、自律性不高，在家父母不在身边督促时就很难进入学习或锻炼的竞技状态，东一榔头西一锄，把时间碎片化，学习效率不高；二是学习心境受外界环境影响大，一遇到挫折或不如意的事，情绪就容易波动，不能及时调整过来。爸爸常说，不能平静心气，读书就像走马观花，融入不了"知"的海洋的，更无从由"知"而"识"了。

我们这一代处在伟大的新时代征程起点上的青少年更应该珍惜光阴，以"天行健，君子以自强不息"的有为精神风貌，博学勤勉，努力成为新时代的合格的国家建设者。

十景："天道酬勤"石

赖 容

在我们学校操场入口处有一块大石，大石的周边种满了各种小花小草，虽看起来显得特别突兀，但十分吻合那里蓬勃的朝气，上面刻着"天道酬勤"。这里成了学校一道美丽的风景。这四个遒劲有力的字更是深深地烙印在了我们每个二小人的脑中，时时激励着我们前进。

"天道酬勤"出自《论语》，意思是说上天偏爱勤奋的人，用现在流行的话说就是越努力越幸运。"天道酬勤"这四个字是人们耳熟能详的，可是人们往往过于急于求成；在一定的付出后如果没有获得立竿见影的回报，就觉得自己的付出没有意义，就以各种各样的理由放弃了。结合我所阅读的名人传记和自己的一些经历，我体悟到很多事情是在长期付出并坚持积累到一定阶段，事物才能发生质变，我们才能获得不可逆转的回报，而在这之前的很长一段时期，往往看起来是在做无意义的小事。

就拿我们高年级提高写作水平这件事来说吧，也不是一蹴而就的事情。在五年级上学期我参加了校园十大小作家的竞选，并获得"校园十大小作家"称号。现在回想起来不管是现场作文还是即兴演讲，良好的发挥靠的是平日扎实的积累。在上小学后，爸爸妈妈就给我买了一些易读易懂、有趣的历史及名人逸事的书籍给我看。到了四年级，老师要求我们每天坚持"采蜜"，广泛阅读，特别是经典。刚开始我也觉得枯燥无趣，有时也想偷懒看电视、玩游戏，可是当我坚持下来时，我发现自己已经在不知不觉中喜欢上了阅读。正是这些阅读为我的写作提供了源源不断的素材，使我在比赛气氛紧张的情况下也能够有很好的发挥。

习近平总书记说：幸福都是奋斗出来的。一分耕耘，一分收获，"天道酬勤"石将会激励着我们二小的莘莘学子不断奋斗前进。

校园十景之乐园

第六章

特色保障系统

一、组织保障

特色学校是在长期办学的实践中逐步凝练、形成与发展的，它需要有效的保障机制保驾护航。构建"思想引领，校长牵头，各行政部门分头负责，均衡推进与组织实施，教师主动参与、家长积极配合、学生积极响应，与社区合作"的多维立体层面的保障机制，从而有效地促进"微笑教育"特色学校的形成、健康运行与持续发展。

二、制度保障

二小创建"特色学校"工作制度：

近年来，学校综合考虑各方面条件及办学以来形成的传统优势，提出以"建设微笑教育标杆学校"为办学目标，以"为每一个学生的终身幸福奠基"为指导思想的"微笑教育"品牌创建思路。在"全面发展，张扬个性"的教育理念指引下，二小人聚焦"纯善德育""微笑课程""和乐教学""微笑教师"等活动项目，走品牌发展、内涵发展、特色发展之路，扎实推动了学校的整体发展。在制度建设、队伍管理、课堂教学、德育创新、课题研究、特色创建等方面做了大量的工作。为使各项工作能在规范中追求精细，在精细中彰显特色，特制定管理制度如下。

1. 构建完善的组织管理架构

（1）根据上级要求，结合本校实际，立足长远，把特色教育列入学校

总体发展规划中，即列入学校每学年、每学期的工作计划内。

（2）成立特色学校创建工作领导小组，负责安排、组织学校特色创建相关活动。由校长任工作领导小组组长，成员包括各部门主要负责人。特色学校创建工作领导小组根据学校实际和教师情况科学分工，实行项目负责制。

（3）特色学校创建工作领导小组负责制订创建特色学校有关活动计划并组织实施，明确并制定相关人员的工作职责，工作领导小组负责督促和检查。

（4）工作领导小组负责指导建立特色教育资料管理，积极组织师生参加"微笑教育"的学习和培训，并做好"微笑教育"的宣传工作。

（5）在创建特色学校的活动中，班主任和任课教师是活动实施的主力军，必须尽职尽责，把各项工作落到实处，并能创造性地完成工作。

（6）工作领导小组负责对全校师生的创建特色工作情况的检查与考核。

2. 建立例会制度

每月召开领导小组成员会议，研究和布置"微笑教育"特色学校建设的相关工作。会议要认真总结上一阶段的工作情况，对照特色学校评估细则，寻找差距，提出改进措施，提出下一阶段的工作重点。特色学校会议由特色学校创建工作领导小组组长组织。

3. 制定学习培训制度

要使创建"微笑教育"特色学校成为全体师生的共同目标，使"微笑教育"课题研究成为学校鲜明的办学风格，师生必须全员参与，因此，领导小组需要定期对师生进行培训学习。主要通过定期微笑宣传栏展示、雏鹰广播站广播、请专人讲座、开展专题活动等形式进行。

4. 制定课程整合和活动开展的相关制度

（1）强化课程的整合化

我校微笑课程以课改所确定的基础型、拓展型、探究型三大功能性课程为基础，在课程的设置过程中强调对课程的实践性、综合性、选择性、拓展性和开放性的加强，使其成为"自主实践、和谐发展"实践教育的有效载体。通过各学科知识的重新整合，将完成课程方案所规定的基本知识、基本技能训练要求的时间大大缩短，提高了教学的效率；利用效率提高教学的效益，实现时间的节省、教学的优质；进而将节余的时间用于面向全体学生的

"强基础，激兴趣，种特长"拓展性课程。设立综合课程，对国家课程标准进行有针对性的延伸和拓展，全面发展每一个学生的综合素质和个性特长。在全面拓展与深化的基础上，增加研究性学习的时间，通过面向全体学生、体现二小特色的研究性学习课程和社团活动课程的建设，为每一个学生创造开发潜能的天地，达到充分发展学生潜能的目的。

（2）重视项目的个性化

为了践行"微笑教育"特色，提升办学质量，我们力求从学校的实际和学生的需要出发，强调有利于形成学校的特色，发展学生的个性特长和生存需要。我校开展了丰富多彩而富有个性的项目，深受全校师生喜爱。

5. 制定保障、评价和激励制度

① 学校应当为特色创建提供足够的专项资金支持。

② 对取得优异成绩的学生、教师、班级和团体进行表彰奖励。

③ 每学期末根据特色项目实施情况和活动开展情况对教师进行考核。肯定优点，指出不足，使学校的创建工作朝着既定目标奋进。

三、规划保障

创建各项特色工作的推进规划：

"微笑管理行动指南""微笑教师行动指南""微笑德育行动指南""微笑课堂行动指南""微笑课程行动指南""微笑家长行动指南""微笑社区行动指南""微笑校园行动指南""微笑服务行动指南""微笑学生行动指南"（见附）。

附：

微笑管理行动指南

一、理念

把微笑渗透到学校的每一个角落。

把微笑渗透到校园的每个角落，强调的是民主管理、人文管理，重在打造团队凝聚力，提高工作效率。在这样的管理文化历练过程中，让教师、学生明白团结与合作的重要性，逐渐形成团队意识、趋同的价值观、共同奉行的守则、强烈的归属感和集体荣誉感，使教师愉快地工作，学生愉悦地学习。

二、目标

完善学校管理体制，弘扬以人为本的微笑管理思想，形成"职责分明、目标明确、调控及时、成效显著"的目标管理体系，建立"按需设岗、优教优酬"的用人机制，逐步实现学校管理科学化、规范化、制度化。

三、具体措施

1. 编制微笑管理手册，加大微笑管理制度建设，实行目标管理。为确保本规划的顺利实施，学校党政各部门将力争做到职能明确、分工合理。学校将强化对各项计划执行情况的考核，做到及时反馈，使学校发展规划能够高效有序地推进。进一步完善各项规章制度，对各种管理制度进行适时完善，以不断适应教育发展的要求，推进依法治校的民主进程。

2. 加强干部队伍建设，不断激发学校内部管理能力。重视学校干部的思想道德建设，推进廉洁从政、务实高效的工作作风。学校领导班子加强学习，不断提高管理的理性认识和实际操作能力。本着"按需设岗"的原则，配好配齐各职能部门的人员，实行学校中层干部竞聘上岗和目标考核制度，及时考核，积极评价，培养一支爱岗敬业、善于思考、精于管理、躬行实为的干部队伍。

3. 要加强学校日常管理，提高管理的针对性、实效性。明确职责，加强层级管理。增强教职工的积极性、凝聚力，营造奋发向上、层级服务的氛围，为学校发展提供动力支持。加强过程管理，及时反馈，大力表彰在学校管理工作中的先进部门和个人，评选微笑教师、感动校园十大人物、我最敬佩的人，以点带面，以优促差，以推动学校管理水平不断提高。

4. 推行校务公开，实现学校管理民主化。学校在做重大决策之前，广泛征求教职工的意见，再集中意见做决定，集中群众智慧，使之变成全体教工的意愿和要求。关系政策、发展、管理方面的重大问题，关系教职工的切身利益的问题，都向教职工公开。通过对外设立校长邮箱、校园网开通校长邮箱等形式，使全体教职工和热心的学生家长以主人翁的责任感参与学校管理，形成教职工参与管理、参与决策、实施监督的民主化管理体系。

5. 加强安全管理，创建和谐校园，确保学校稳定发展。第一是牢固树立安全重于泰山、稳定压倒一切的思想，从讲政治的高度，把维护学校安全和稳定放到重要位置。建立和健全学校安全工作责任制和责任追究制。制定好学校各项安全制度，切实抓好校舍、消防、设施设备、饮食卫生、周边环境整治等各项工作的管理，认真排查、消除隐患。和谐校园首先是教师与学生及家长的和谐关系，要公正公平地对待每一位学生，要关心每一位学生的健康成长，关心行为偏差生和学困生的提高，使得家长放心。第二是教师之间的和谐关系，提倡教师间合作互助、共同发展的精神，做到协调合作，合作共进，竞争提高。学校将组织教师开展群体性文体活动，促进交流，调节身心，缓解压力，促使教师安心工作，克服职业倦怠感。大力倡导办公室或教师间的互动活动，营造工作之外的轻松氛围，构建和谐的人际关系。要创设平台，促进交流，积极宣传师生成绩，提高工作成就感。

6. 加强"微笑教育"校园网建设，提高学校信息化管理水平。积极参与优秀校园网评比活动，提高学校校园网在教学及管理中的应用水平。以学校校园网为平台，促进师生信息互动，实行资源共享和无纸化办公。利用校园网实现对学校各项工作的有序管理。

四、推进计划

第一阶段：

1. 制订学校发展规划，将学校发展的三年规划目标具体分解到学校的各部门工作中，使各管理层都有明确的职责目标，做到有职有权、各司其职。

2. 各科室、个人也将制订相应的工作计划或发展计划，形成系统的计划方案。建立绩效工资考核奖励制度，完善学校的各类规章制度。将学校规章制度装订成册。

3. 建设一支爱学习、有正气、能团结、善服务、讲成效的干部队伍，提高教师满意度。

第二阶段：

1. 完善群众监督机制，推进校务、政务公开工作，进一步发挥学校工会、教代会的民主监督作用。

2. 完善学校校园网，争取成为萝岗区级以上优秀网站。

3. 完善绩效工资考核奖励制度，增强教职工凝聚力，营造奋发向上和层级服务的氛围，为学校的发展提供动力支持。初步形成教师对年级组、教研组负责，年级组、教研组对各部门负责，各部门对校长室负责的管理体制。

第三阶段：

1. 初步形成"职责分明、目标明确、调控及时、成效显著"的目标管理体系，实行学校中层干部目标考核制度，加强层级管理。

2. 进一步加强学校民主和法制建设。

3. 形成"微笑教育"特色学校。

五、标志性成果

1. "微笑管理"手册。

2. "微笑教育"学校网站。

六、精选方案

例1：

靠近你　温暖我　寻找感动　撒播感恩
——广州开发区第二小学寻找"最感动我的同事"活动方案
广州开发区第二小学工会

为更好地落实科学发展观的要求，加强社会主义荣辱观的教育，弘扬正气，学习先进，形成和谐的校园氛围和人际环境，提高学校的文明程度，学校决定于近期举行"最感动我的同事"评选活动。

一、评选对象

在职的教职员工。

二、评选条件

评选对象必须在精神文明建设中表现突出，并具备下列条件之一：

1. 教育思想端正，敬业爱生，为人师表，在学生德育方面或服务学生方面有显著成绩。

2. 主动关心他人，人际和谐，乐于为同事和学校服务，为教师成长和学校发展积极奉献，获广泛好评或取得显著成绩。

3. 热心公益，积极参与社区、社会活动获得成绩，并获得良好的社会声誉。

三、评选办法

根据评选条件，采取提名、自荐、互荐（不署名填写调查问卷）的办法推出候选人，交领导审核通过后，票数多者则直接当选为年度"最感动我的同事"。

四、活动程序

1. 宣传发动：把"最感动我的同事"活动方案发布给全体教职工，充分发动教职工积极参与活动。期间可以提名、自荐。

2. 全体教职工互荐，不署名填写"感动二小"教职工问卷调查表。

3. 工会负责收集调查表并统计。票数最多者，经领导审核通过后，当选为年度"最感动我的同事"。

4. 表彰奖励。工会将在学校年终总结大会上举行颁奖典礼。

活动程序表

工会委员	负责收集范围	备注
陈伟军	学校行政领导办公室	
李韵	五楼英语组、综合组办公室	
余雪云	五楼语文组、数学组办公室	
陈绍琴	一楼总务室、后勤人员	
郭艳	二楼语文组、体育组办公室	

问卷调查
广州开发区第二小学工会

新的一年即将到来，回顾过去的一年，不同的人有不同的总结方法。有人用工作业绩，有人用挣了多少钱……周遭的一切，似乎都在变，但我们相信，人们心底对于美好的那种感觉，对于善良的感觉，是不会改变的，这就是我们每人每年都会有的一种收成。对于这样的收成，相信对于我们每一个二小人来说都是极为重要、值得珍藏于心间的。

感动，呼应人们心里本来就有的那种向善之心。我们共同工作和生活的校园，发生了不少令我们感动的人和事。在此，学校工会想找寻"感动二小"的人和事，希望能将我们校园的"感动"凝聚为一种正能量，在我们尽力汲取，让别人感动自己的同时，我们每个人也能自然而然地散发着这种力量，也能感动他人。心怀感恩，滋润心灵。我们相信在这样的氛围中工作、生活，"微笑二小""幸福二小"真的离我们很近很近……

请据实认真填写以下问卷！

填写人姓名：

一、我最欣赏的一个同事。（请写明欣赏的原因）

二、我最感谢的一个同事。（请列举具体事例）

您对本次调查若有什么意见或建议，请填写在纸张背面，谢谢您的配合！

年终颁奖用诗歌

感动，就在身边，

空气中弥漫着愉悦，

校园里氤氲着书香，

感动，

感动，

我们是快乐的二小人……

（感激：学校）

十五年前，我们撒播"经营出名校，

培育出优生"的种子；

今天，我们力求"全面发展，张扬个性；

亲近自然，笑对生活"。

十五年的历程，

算不上沧桑，

却也是砥砺漫漫。

十五年来，我们走在二小这方快乐的花园，在平安校园愉快歌唱；

十五年来，我们遨游在二小这个知识的海洋，和学生一起编织理想；

十五年来，"崇德""尚美""学渊""致远"，

我们用心情的音符，去谱写和谐校园的欢快乐章……

我们在这里耕耘，我们在这里收获，

（合）我们坚信梦想将从这扬帆起航！

（感怀：同事）

回首来时路，我们一起披星戴月，早出晚归。

我们一同欣慰着我们的进步，

我们一起烦恼着我们的烦恼，

我们一起梦想着我们的梦想。

感谢你，我的领导，

在我困惑的时候

指点迷津，引导我

适应环境，与人为善；

适当的时候

换个角度看问题。

感谢你,我的同事!
在平凡的岗位上
与我一同走过。
是你们,指导我
让我学会做好自己的工作,
做好自己平凡的点点滴滴。

她:
低调宽厚、善解人意;
敬业乐业、爱生如子。
这就是拥有蜡烛精神、堪称教师典范的钟惠贞主任。
他:
有思想、有干劲;
英明爽直、坚持原则;
创新意识强、业务水平高;
注重细节、关心下属。
这就是甘为人梯、多才多艺的李悦新校长。
她:
宽容大度、善解人意;
做事执着、责任心强;
充满创意、工作高效;
关心同事、热心助人。
这就是优雅大气的李珏仪主任。
她:
公道正直、热情爽直;
做事干练、低调谦和;
课堂上激情飞扬,充满教学智慧。
这就是我们热心的大姐姐余雪云。

她：

开朗热情、精力充沛；

和气踏实、待人真诚；

任劳任怨、工作高效。

这就是我们善解人意的李娟主任。

她：

有思想、有悟性；

有耐心、有爱心；

口才好、文笔好；

教学风格独具一格。

这就是温婉智慧的和以力老师。

她：

生性乐观、待人真诚；

工作认真、做事周到；

充满爱心、点子多多。

这就是热情谦和的陈绍琴老师。

他：

热情乐观、多才多艺；

敬业乐业、工作投入；

方法灵活、教学高效。

这就是创造教学奇迹的吴繁荣老师。

在2012年度"最感动我的同事"评选活动中，以上8位同事是我校的杰出代表。

在二小，这样感动着我们的同事还有很多很多，

但心怀感恩之时，我们不能忘记与我们并肩作战的家委，

我们不能忘记关心二小的各位教育局、教研室的领导们。

谢谢你们！

你们对二小的倾心付出，

二小人一直铭记在心。

感谢你，我的朋友！感谢你，我的同事！

在我最孤独失意时，

是你们，陪我一起共品——低语问斜阳的伤感；

在我最得意的时候，

是你们，陪我一起共赏彩云追月的浪漫。

感谢你，我的朋友！感谢你，我的同事！

我们是和谐的二小人！

（结束语）

亲爱的二小，

你是博大的花园，我们是花园里一方执着的绿地；

你是温暖的河流，我们是河流中一片摇曳的白帆。

亲爱的二小，

你是一棵参天的大树，我们是你躯干上一树烂漫的红叶；

你是一片浩瀚的天宇，我们是你其中一片纯净的蓝天。

在你大爱的怀抱里，我们渐渐成长、成熟……

在你大爱的怀抱里，我们渐渐成长、成熟……

例2：

广州开发区第二小学评选第一届"校园十大微笑教师"活动简介
广州开发区第二小学工会

为了进一步推进校园文化建设，努力营造良好的教风、学风和校风，大力弘扬我校广大教职工爱岗敬业、乐于奉献、爱生如子、为人师表的崇高师德风尚，学校工会发起了寻找"最感动我的同事"的评选活动。此活动得到了广大教职工的积极关注，他们踊跃参与，其中钟惠贞、李悦新、李珏仪、李娟、余雪云、和以力、吴繁荣、陈绍琴八位教师当选年度"最感动我的同事"。今年，在"最感动我的同事"活动的基础上，学校工会的工作在"微笑教育"办学思想的指引下，广泛征集教职工的意见及建议，对校园"最感动我的同事"活动名称及评选方式进行了修改及完善，并成功举办了学校

"第一届校园十大微笑教师"评选活动及颁奖典礼。

二小"校园十大微笑教师"评选活动以"感动"为主题，通过挖掘身边教师最朴实、最真实、最令人感动的人和事，树立我们身边的光荣榜样，让校园的"感动"凝聚为一种正能量，震撼师生的心灵，进而加强师生的思想政治教育工作，把校园文化建设同社会主义核心价值体系的构建结合起来。心怀感恩，滋润心灵。我们相信在这样的校园氛围中工作、生活，"微笑二小""幸福二小"真的离我们很近很近。我们也将坚持把"校园十大微笑教师"作为一个品牌持续地坚持下去……

评选方案

一、指导思想

为了进一步推进校园文化建设，努力营造良好的教风、学风和校风，大力弘扬我校广大教师爱岗敬业、乐于奉献、爱生如子、为人师表的崇高师德风尚，学校工会决定在全校开展"校园十大微笑教师"评选活动。

二、评选范围

全校教职工。

三、评选标准

1. 忠诚党的教育事业，自觉遵守教师职业道德规范，品德高尚，廉洁从教，教育教学成绩显著。

2. 热爱教育事业，热爱学校，爱岗敬业，为人师表，治学严谨，甘于奉献，关爱学生，深受学生崇敬和爱戴。

3. 具有大局观念，具有团队精神和合作意识，勇于承担教育教学重任，服从组织安排，人际关系和谐。

四、评选程序

1. 宣传发动：把"十大微笑教师"评选方案通过RTX发布给全体教职工，接着通过周一全体教职工会议学习，充分发动教职工积极参与评选活动。

2. 各团队民主推荐产生微笑教师。各团队负责人组织团队民主推选产生微笑教师上报给学校工会（每个团队负责人及团队推荐名额见附表）。要求各团队候选人填写"二小十大微笑教师"评选表格，各团队负责人负责填写

100字左右的推荐理由。［填写要求：候选人填写时，要提供500字左右的简历（含感动人的事迹材料），各团队负责人填写关于候选人的推荐理由时，除参考候选人的推荐材料外，同时要结合团队其他成员的意见综合考虑后再填写推荐理由。］候选人需提供三张清晰的电子照片，其中需含一张个人照。请各团队负责人在2013年12月16日前，将以上材料的电子稿发送到邓美华的"十大微笑教师"评选文件夹里，纸质稿交至邓美华处。

3. 表彰奖励。工会将在学校年终总结大会上举行颁奖典礼。

评选程序表

团队名称	团队负责人	推荐名额
行政组	李悦新	2
语文组	郭 艳	2
数学组	王莉曼	2
英语组	滕 芳	1
综合组	李慧勤	2
教辅后勤组	叶 芳	1

例3：

评选"感动校园"人物活动方案

广州开发区第二小学

一、活动目的

学校发展的背后凝聚着广大教职工、全体学生和家长的心血，其中有着无数感动人心的故事。感动是情感的共鸣，是心灵的震撼，是精神的升华。师生在感动中进步，校园在感动中发展。本次评选活动旨在发现感动、传播感动、体验感动，从而在全校范围内掀起一股弘扬正气、歌颂真情、倡导真善美的热潮，用先进人物的先进事迹感动师生，用身边的榜样打动师生，引导广大师生从平凡的小事做起，学会关爱他人、关爱社会，增强社会责任感和使命感，努力营造良好的校风、学风，构建和谐校园，推进校园文化建设，从而不断提高德育工作的针对性和实效性。

二、活动主题

感动源于平凡，榜样凝聚力量。

三、活动口号

用心发现感动，用心传递感动。

生活因感动而精彩，校园因感动而美丽。

四、评选活动小组成员

全体行政领导、级长、科组长。

五、参选对象

全体教师（由工会策划完成）、全体家长、全体学生（感动了校园的同学、家长）（由德育处策划完成）。

六、活动时间

半年。

七、参考条件

不畏挫折、不甘消沉、自强自立、敢为人先、积极上进、爱好广泛、感染周围、尊敬师长、孝敬父母、默默奉献、帮助弱势、拾金不昧，见义智为、习惯良好、全面发展、勤奋好学、诚信正义、责任心强。

八、评选程序

第一阶段：宣传发动阶段

让学生及家长了解、关注和参与活动，激发参选热情，营造活动氛围。

1.第一个月周一班主任（中队辅导员）利用班队会宣传此活动。

2.陈锋老师利用校园网宣传此活动。

3.吴美玲老师利用校讯通宣传此活动。

4.刘明恩老师利用广播站宣传此活动。

5.吴美玲老师利用宣传栏宣传此活动。

第二阶段：推选候选人阶段

1.班主任（中队辅导员）组织各中队队员推荐1名学生候选人。

2.班主任（中队辅导员）组织各中队家长推荐1名家长候选人。

3.班主任上交学生、家长候选人推荐表（纸质1份交到德育处、电子版1份放到大队部文件夹）。

第三阶段：事迹宣传阶段

1. 吴美玲老师利用升旗仪式公布候选人名单。

2. 刘明恩老师利用广播站介绍候选人事迹。

3. 吴美玲老师把候选人材料张贴在宣传栏中。

4. 班主任老师把候选人材料上传到校园网，陈锋老师进行发布。

第四阶段：投票选举阶段

1. 组织发动教职工、学生、家长积极参与投票。

2. 根据投票，分别确定学生、家长各10名获"感动校园"十大人物奖、若干名获"感动校园"年度人物入围奖。

3. 吴美玲老师将名单公示在宣传栏中。

4. 刘明恩老师、陈锋老师、各班班主任分别用广播站、校园网、班会和红领巾原地宣传，在校内掀起生活因感动而精彩、校园因感动而美丽的学习热潮。

第五阶段：颁发荣誉证书。

微笑教师行动指南

一、理念

把微笑毫不吝惜地传递给学生，传递给同事，传递给家长。

美国著名企业家安德鲁·卡耐基说："笑容能照亮所有看到它的人，像穿过乌云的太阳，带给人们温暖。"作为教师，她（他）的微笑拥有着无穷的教育魅力。教师微笑着面对学生，能给学生一种宽松的师生交往人际环境，能使学生感受到教师的理解、关心、宽容和激励。教师的微笑是腼腆学生的兴奋剂，使他们得到大胆的鼓励，敢于去表达自己；教师的微笑是外向好动学生的镇静剂，使他们得到及时的提醒，意识到自己的言行需要控制和自律。教学工作中，教师的微笑能够活跃课堂氛围，活跃学生思维，活跃学生的情绪。德育工作中，教师的微笑是对不良行为的理解和宽容，引起学生的自我反思和觉醒；是对良好行为的鼓励和赞许，激励学生不断努力和进取。教师的微笑和严厉同样重要，但二者相比，微笑更平和、温和，更可亲、可爱。严厉的教师令学生敬畏，微笑的教师令学生喜爱，善于在严厉中不时渗透会意微笑的教师，则令学生敬爱。

教师微笑着面对同事，校长微笑着面对教师，有利于构建合作性的同事关系，有利于营造一种积极向上、追求卓越、团队学习的发展型组织。用微笑去赞美教师和领导，用微笑去化解误会和冲突，用微笑去谋求合作和合力，用微笑去交流思想和灵感，你会体验到教育的巨大幸福，你会少许多焦虑、困惑和无助，多许多理解、支持和帮助。

因此，教师不仅要拥有丰富的知识，较强的教学执行力，还应该学会用微笑教育学生、感染学生；用微笑感动家长，学会沟通；用微笑与人合作，愉快工作。

二、目标

提升教师心理素质、交往能力、教艺水平。

1. 教师心理素质目标

① 热爱教育事业，具有高度的社会责任感，刻苦钻研专业知识和技能，努力探索教育的规律，甘愿为教育事业的发展无私奉献。

② 尊重和保护学生利益，相信学生、关爱学生，能以平等的心态对待每一位学生。

③ 具有良好的自我调适能力。教师应具备良好的心理调适能力，善于控制和疏泄不良情绪，释放和缓解心理压力，勇敢面对挫折和失败，促进自我的身心健康发展。

④ 具有良好的认知敏感性。教师必须对学生的心理活动特别敏感，善于察言观色，善于通过学生的表情、动作、眼神等察觉其内在的心理活动，从而达到因材施教的效果。

2. 教师交往能力目标

① 与家长交往。教师要有良好的气质和修养，应该与家长和学生建立良好的人际关系，做到自信、主动、虚心、冷静、倾听。以微笑面对每一个不同层次、不同类型的家长，用平等、合作、协商的心理处理好每一件事情。

② 与学生交往。善于用微笑传递对学生的关爱，建立朋友式的师生关系。以积极的态度看待学生，注意强调其长处，有选择地突出学生言语及行为中的积极方面，利用其自身的积极因素进行有效的教育。

③ 与同事交往。学校与教师、教师与教师之间建立良好的交往互动关系是非常重要的，是学校发展、教师发展的必要条件。因此我们确定了教师

之间交往的"十二字方针",即互相尊重、加强交流、换位思考。

3.教师教艺目标

构建教师的"五项教艺修炼课程",提升教师的教学能力和教学艺术水平。

① 构建语言艺术培训系列课程,提高教师的语言艺术水平。(语言幽默、教学机智、朗读演讲)

② 开设教师的仪容仪表校本培训课程,培养教师的仪容仪态,提高教师的个人魅力。

③ 举办"三字一话"课程培训与比赛活动,提高教师教学的基本功(钢笔字、粉笔字、毛笔字、普通话)。

④ 开展教学设计、案例分析、论文写作、课堂反思、主题班(队)会、课件制作、说课、上课等比赛,提高教师的课堂教学水平和总结提升的能力。

⑤ 通过师德教育活动和家庭教育指导课程的开设,提高教师的师德水平和指导家庭教育的能力。

三、主要内容与措施

1.开发师德修炼课程,培养魅力型教师团队

① 开展师德承诺系列活动。围绕学校的办学理念和学校规划,教师撰写师德承诺,承诺以新思想、新理念、新方式、新行动开展教育活动,创造教育新成果,并在教师之间宣讲、交流。

② 研制学校教师誓词、新教师誓词,举行教师宣誓活动。

③ 在家长、学生、教师中征集二小教师"十大美语"和"十大忌语",提倡教师多用美语,杜绝忌语。

2.开发教师教艺修炼课程,培养实力型教师团队

分学期进行教师教艺修炼课程的培训,培训结束后开展竞赛、展示、总结活动,并将比赛成果汇编成册。

3.建立校本联动培训机制,形成学习型教师团队

① 完善"合作、互动"学习机制。学校将整合各方面的培训内容,整合教导处、大队部、科研组及学校骨干教师的力量,建设学习型组织。

② 开展教师读书系列活动。每年学校向教师推荐读书书目,组织教师

开展读书活动，读教育名著，撰写反思随笔和读书笔记。通过"青年联谊会""教师论坛""教师沙龙""教师博客"等平台，交流读书心得，提升教师素养，构建书香校园，并将学习成果汇编成册。

③ 制订教师专业成长规划。引导教师全面分析自我，树立专业成长的意愿，通过自身进取、同伴互助、学校支持和专家引领等方式，引领教师朝着"合格型""能手型""科研型""专家型"等不同层次的教师专业发展目标而努力。学校根据教师个人的发展规划，积极引导，努力提供教师学习交流、展示的平台和机会，让不同层次的教师在原来的基础上都获得进步和提高。

④ 完善教师成长档案的管理。加强个人学习、成长资料的收集和整理，使每个人在学习、创新的道路上都留下清晰的成长足迹。

4. 完善学校科研培训机制，组建研究型团队

① 坚持以科研为学校发展的原动力，加强课题研究管理，完善课题研究的"论证、实验、验收、深化"等各个环节。对已申报研究的课题要注重过程性研究，做好阶段性总结和材料的积累，做好研究推广，在深化课题研究中不断提升教师的教科研能力。

② 加强教科研培训工作。通过开办由校内名师或者外请专家主讲的教科研培训活动，引导教师在教学实践中分析自己的教学情况，形成自己的教学主张，力争有70%的教师能通过论文等形式阐述自己的教学主张，50%的教师能通过课堂教学诠释自己的教学主张。

5. 把教师合理分类，形成阶梯教师团队

努力建设一支师德高尚、业务精良、结构合理，具有先进的教育理念和创新精神的教师队伍，鼓励教师成才、成名、成家。我们认真分析了我校教师的现状后，将我校教师大致分为四个梯队。第一梯队是现有的名师，如和以力老师，她有自己的工作室，教学经验丰富，教学特色鲜明，我们希望在三年的时间里，能为和以力老师创造更多的条件和机会，让她不仅能带动校内教师的专业发展，同时还能走出广州成为广东省乃至全国的名师。第二梯队是我校现有的市、区骨干教师，区十佳教师，这样的教师我们目前有10名以上，覆盖了语文、数学、英语、音乐等学科，我们希望他们在三年内，通过自身的努力和学校的培养，能尽快成为广州市乃至广东省的名师。第三梯

队是我校的青年教师，这些教师刚参加工作不久，经验不足，但精力充沛，学习能力强，我们将通过"拜师""专项培训"等方式，使青年教师做到两年达标、三年成熟、五年成骨干。第四梯队是薄弱教师梯队，这些教师基本上都来自合并前的分校，而且多数年龄偏大。对于这些教师，我们将采用帮带的办法，走进他们的课堂，使他们能尽快接受新的教学方法，掌握微笑课堂的教学要求，较好地完成教学任务。

四、标志性成果

1."师德建设课程"（包括教师承诺、教师誓词、教师美语、教师忌语等）和"教师五项教艺课程"。

2.出版"我的教学主张"文集。

3.出版"微笑教师"论文集。

五、推进计划

第一阶段：

1.在团体教师中渗透"微笑教师"行动计划，让大家参与讨论并研究。

2.优化教师岗位设置制度，促进教师队伍结构合理化。

3.学校根据学校发展目标和教师个人发展计划，初步确定教师培养梯队。

4.开展结对帮扶工作，建立教师业务档案。

5.研制教师誓词，征集二小美语和忌语，开展师德承诺活动。

6.开设部分教艺修炼课程（语言艺术、仪容仪表）。

7.开展读书系列活动，撰写读书心得并进行交流。

第二阶段：

1.教师对个人的成长计划进行自我诊断、调整。

2.继续开发、开设教艺修炼系列课程，夯实教学基本功。

3.继续开展读书系列活动，交流读书笔记。

4.开展骨干教师、优秀教师、优秀班主任讲坛活动。

5.设立和完善教科研制度，进行教科研培训，提高教师的科研能力。

第三阶段：

1.教师在实践中进行更深入的思考和总结，提炼自己的教学主张，撰写教学论文，编写二小教师论文集。

2.开设家庭教育指导课程，提高教师指导家庭教育的能力。

3. 开展教师教艺展示系列活动，争取在市（区）范围内开放观摩。

4. 对三年的学校工作进行总结，思考、规划后期的学校发展。

例：

开发区二小十大美语和十大忌语

学生

十大美语：

老师早上好！老师再见。

你好，见到你很高兴。

请不要踩踏花草树木。

能帮到你，我很高兴。

对不起，是我不好。

谢谢老师，老师您辛苦了。

别着急，我来帮你。

对不起，请帮帮我好吗？

有什么可以帮你的吗？

请不要乱丢纸屑。

十大忌语：

你神经病啊。

信不信我揍你。

你真笨，简直像一头猪。

我喜欢这样，关你屁事。

你好烦，别靠近我。

喂，叫你呢。

别问我，我不知道。

滚开，你真烦人。

少啰唆，快点讲。

别靠近我，你真丑。

教师

十大美语：

你的声音真好听，能再大声一点吗？

你又进步了！

哇，你太厉害了，这么难的问题你都可以回答。

你是最棒的！

你得靠自己努力。

你真是一个聪明的孩子。

微笑的你真美，乐学的你真好，健康的你真棒。

别着急，再想一想，你会答得很好。

不要着急，慢慢来，怎么想就怎么说。

没关系，老师相信你下次一定可以做到。

十大忌语：

闭嘴，我不想听你说。

就你拉我们班的后腿。

你是我们班最差的一个学生。

你真笨，无药可救啦！

你脑子进水了。

不愿意上课就出去。

你真让我失望。

你一辈子也就这样啦。

我教这么多年书，没见过你这样的。

谁教你谁倒霉。

微笑德育行动指南

一、理念

亲近自然，笑对生活。

温润之春，清宛如画；浓情之夏，热烈如火；斑斓之秋，多彩如花；凛冽之冬，冷峻如冰。这是大自然的千古轮回。世上万事万物都遵循大自然的规律生长，而师生的成长也要顺应其身心发展规律。

　　"亲近自然，笑对生活"就是让师生走进自然，用自己的心灵感受自然，去触摸生命的轨迹，感悟生命的真谛。让师生在人生拼搏、跋涉的路上，学会从心灵上放松自己，微笑面对生活，懂得不同的自我与自然、与社会融合，会得到不同的结果。让他们在生活中学会悦纳自己，积极地、乐观地去生活。当遇到困难时，会微笑地去解决；当遇到自己不理解的人或事时，会微笑着去包容；当自己取得成绩时，会微笑着再一次给自己加油！让他们在生命的轨迹中，一次又一次地选择改变自我，并塑造自我，逐步走向完美。

　　二、目标

　　构建以学生自主参与、实践体验、自我教育为特征的"微笑德育"模式，形成"微笑德育"操作系统。

　　三、主要内容与措施

　　1.构建十级"微笑德育"网络

　　教育越来越走向多元化，我校构建"微笑德育"网络势在必行。为了更好地推行"微笑德育"，首先要建立校长、德育副校长、法制副校长、德育主任、大队辅导员、级组长、正副班主任、课外辅导员、任课教师、家委会、家长、社区，十级"微笑德育"网络，让"微笑德育"逐步走入人心。

　　2.完善"微笑德育"五级评价

　　"微笑德育"是我校德育发展走向更高层次的又一指路明灯。实施时应根据学校具体情况制定出级组、班级、正副班主任、学生、家委会五级评价制度。让制度规范师生、家长行为，让评价指引行动方向。

　　3.研究"微笑德育"三级课题

　　学校"微笑德育"需与德育工作实际紧密联系，给"微笑德育"活动以理论上的指引，必须研究课题，让课题引领"微笑德育"的方向，增强德育工作的实效性。

　　我校德育处将根据三年规划申报市、省、国家三级课题，让科研引领学校的德育发展。

　　4.进行"微笑德育"四级培训

　　"微笑德育"的内涵既是一种外显的行为，也是一种内在的素质；同时，既是一种人际交往中的道德规范，也是一种人际交往的艺术修养。从这个意义上说，此教育就不仅仅是一种文明行为习惯的培养，也不仅仅是道德知识的说教，而是包括从道德认知、习惯培养到素质养成的完整体系，它是一种素养、一种人格的教育。所以我校德育处将开展四级培训，着力进行级组队伍、班主任队伍、家长队伍、学生干部队伍建设，使"微笑德育"植根于他们心中。

5. 进行"七教育"，落实"三方案"

"微笑德育"结合学校特色，重点进行"七教育"，落实"三方案"。"七教育"为爱国教育、礼仪教育、诚信教育、劳动教育、环保教育、安全教育、感恩教育。其中重点是礼仪教育、感恩教育、安全教育，要把礼仪教育、感恩教育、安全教育的方案落到实处。

6. 形成一体系，编撰一课程

"微笑德育"在推行的过程中要及时总结经验、教训。德育处要联系我区、我校的发展历史、家长的素质、学生的生存环境、学生的行为习惯等实际情况，组织学校全体教师、家长，分册、分课、分年级，责任到人，全员参与"微笑德育"体系研究，编撰"微笑德育"校本教材，形成"微笑德育"课程。

7. 实施"微笑德育"三活动

配合"微笑德育"课程，根据课程体系，实施爱国教育、礼仪教育、诚信教育、劳动教育、环保教育、安全教育、感恩教育系列活动。其中重点推进礼仪教育、感恩教育、安全教育三活动。

8. 提炼一成果，形成一特色

根据以上系列活动和重点活动，及时进行总结，高度概括、提炼，汇集成"微笑德育"之队伍建设培训材料、"微笑德育"教育手册、"微笑德育"活动汇编、"班级行动计划"设计集、"微笑德育"之家庭教育案例集、"微笑德育"科研课题成果集、"微笑德育"教育故事集等，最终汇编成《微笑德育的实践与探索》成果集。

在经过几年的推行和实施之后，逐步形成本校德育特色。

四、标志性成果

1. "微笑德育"之队伍建设培训材料。

2. "微笑德育"之行为规范教育读本《学生手册》。

3. "微笑德育"活动方案、纪实、总结汇编。

4. "微笑德育"之"班级行动计划"设计集。

5. "微笑德育"之家庭教育案例集。

6. "微笑德育"科研课题。

例1：

课题名称：通过感恩教育培养学生文明礼仪素养的实践研究

一、研究背景

在迈入21世纪的今天，随着科技的进步，社会物质文明的高度发展，各国越来越重视培养下一代的文明礼仪素质。比如，韩国道德课，将教育学生理解生活中的基本礼节及行为规范的内容和重要意义作为课程目标；日本设立道德时间课、友爱课；美国推行公民教育……这已成为一个国家和民族道德风貌与文明程度的重要标志。中华民族自古就是礼仪之邦，尊礼守仪，源远流长。传统文化中的"礼"是中华文明的核心，它对现今学校德育仍有着积极的指导作用，对培养学生的人文素质有着十分重要的现实意义。

当今社会，由于不良风气的影响，一些与礼仪相悖的行为直接侵袭和影响着广大小学生。我们发现不少学生缺乏起码的礼仪常识：有些学生不知道鞠躬，不会微笑，不会握手；有的家庭甚至出现"孝顺颠倒"的不正常现象；不少孩子在社交中习惯以自我为中心，缺乏一种与人谦让、合作的思想，不懂得尊重、关心、体谅他人，常常显得智力有余而教养不足，缺乏必要的礼仪修养。对学生实施文明礼仪教育，让学生能在社会上做个懂文明礼仪的公民，在家做个懂文明礼仪的孩子，在学校做个懂文明礼仪的好学生，具有重要的历史意义和现实意义。

"百善孝为先"，为了探求一种适应新课改培养目标、适应当今社会实际的文明礼仪教育与学生人文素质培养的模式，我们决定与家长携手，家校合作，通过开展感恩教育，在感恩教育活动中培养学生的文明礼仪素养。

二、概念界定

感恩，《现代汉语词典》解释为"对别人所给的帮助表示感激"；也有

学者提出，感恩就是对自然、社会和他人给自己的恩惠和方便由衷认可，并真诚回报的一种认识、情感和行为。

感恩教育，就是教育者运用一定的教育方法与手段，通过一定的感恩教育内容，对受教育者实施的识恩、知恩、报恩和施恩的人文教育。

（一）文明礼仪素养

素养是指由训练和实践而获得的技巧或能力、平素的修养。

礼仪指的是人们在社会交往中，由于受历史传统、风俗习惯、宗教信仰、时代潮流等因素的影响而形成的，既为人们所认同，又为人们所遵守，以建立和谐关系为目的的各种行为准则、规范的总和。常用的礼貌用语包括请、对不起、谢谢、您好等。

（二）理论依据

1. 感恩教育，古已有之。"施人慎勿念，受施慎勿忘""投我以桃，报之以李""谁言寸草心，报得三春晖""受人滴水之恩，当以涌泉相报""饮水思源"……这些古训都反映了古人对感恩的崇尚。儒家文化的"仁义礼智信，温良恭俭让"其实也包含着"感恩"的内容。这些良好的道德文化，传承了千年，也熏陶和感染了人类千年。

2. "感恩意识并非与生俱来，而需要教育的引导和环境的影响，使受教育对象形成一种感恩的心态、品质和责任，进而外化成一种感恩的行为。"（《关于感恩意识与感恩教育的思考》，上海师范大学学报2006年第5期）

3. 苏联教育家苏霍姆林斯基曾说："良好的情感是在童年时期形成的，如果童年蹉跎，失去的将无法弥补。"对小学生进行感恩教育有利于培养他们的爱心和同情心。孩子若常怀感恩之心，不仅能培养其与人为善、与人为乐、乐于助人的品德，促进其健康人格的形成，而且对其今后和谐人际关系的建立有重要作用。

4. 《幼儿园教育指导纲要》中社会领域目标明确指出要"爱父母长辈、老师和同伴，爱集体、爱家乡、爱祖国"。这也就是要求我们的孩子从小要心存感激、心存爱，用一颗充满感激、充满爱的心对待父母、对待他人、对待社会，做一个积极向上、热爱生活的人。

三、研究目标

我们旨在通过研究，达成以下目标：

1. 探讨一种适合学校实际、提升小学生文明礼仪素养的感恩教育教学模式。

2. 营造一个充满人性化、活力化、热情化、主动学习化、人文化的文明礼仪校园环境。

3. 培育小学生的文明礼仪素养，引导学生做一个现代社会的文明人。

四、研究内容

1. 小学生文明礼仪素养、感恩意识调查研究。

2. 小学生文明礼仪体系、感恩活动体系研究。

3. 小学生通过感恩活动培养文明礼仪素养策略研究。

4. 校本材料的研究。

五、研究的基本思路及方法

（一）研究的基本思路

从学生现实存在的感恩问题入手，开展一系列丰富多彩的感恩体验活动，在全校营造出浓郁的情感氛围，激发学生的感恩情怀；创造实践机会，促使学生以实际行动把情感化为感恩行动，提高学生的文明礼仪素养。

（二）研究的方法

本课题的研究以行动研究法为核心，辅之教育调查法、文献研究法、案例研究法等。

1. 行动研究法

一边研究一边实施，形成每个阶段的研究内容，探索有效实施小学生各阶段感恩教育的目标、内容、途径和方法体系，培养小学生的感恩意识与行为，并促使学生外化为感恩父母、师长、同学、集体、同桌的文明礼仪行为。

2. 教育调查法

通过调查了解小学生文明礼仪的现状、感恩的现状，根据本校学生存在的问题确定课题研究的方案，为解决课题研究的重点做好铺垫。

3. 文献研究法

了解目前国内外感恩教育的现状及一些经验，收集有关资料，从中学习、借鉴，促进研究课题的深化。

4. 案例研究法

选择典型学生进行跟踪研究，了解他们的感恩意识与行为发展的特点和

文明礼仪行为养成的关系，进而归纳出适合引导大部分学生文明礼仪行为发展的教育规律。

六、实施的步骤

（一）实施步骤设计

在新课程改革的背景下，根据我校生源、办学条件、师资特点，立足于本校实际，以感恩教育为切入点，开展培养小学生文明礼仪素养的研究。重在实践，重在行动研究，探索出一条具有二小特色的小学生文明礼仪素养的培养之路。

研究分四个阶段展开。

第一阶段：

课题设计、申报研究准备阶段。该阶段的主要内容有填写课题申报表，请专家咨询、论证，采用文献研究、调查、访谈等方式完成理论及现状分析。

第二阶段：

课题论证与实施启动阶段。该阶段的主要内容有撰写课题研究方案、文献研究综述、前期调查报告、各项目的确定以及认领和分工。

第三阶段：

行动研究与实践探索阶段。该阶段的主要内容有分工研究推进，进行研究案例积累，文献研究贯穿始终，教师培训与实践研究结合，每学期开展课题研究汇报活动，同时开展与专家的对话交流活动，完成课题研究中期汇报评估。

第四阶段：

总结与鉴定阶段。该阶段的主要内容有研究成果汇总、撰写课题研究报告、收集整理研究案例、撰写相关研究论文。

（二）完成研究任务的保障条件分析

完成研究任务的保障条件分析包括：①课题组核心成员的学术或学科背景、研究经历、研究能力、研究成果；②围绕本课题所开展的前期准备工作，包括文献收集工作、调研工作等；③完成研究任务的保障条件，包括研究资料的获得、研究经费的筹措、研究时间的保障等。

1. 人员条件及资源保证

人员条件是课题研究实施的主要保证。从参与课题的人员结构看，本课题具备很好的人员条件。课题主持人及核心组成员均从事教育工作多年，具有丰富的教育经验和课题研究工作经验。课题组核心成员有广州市特级教师后备人才、广州市学科带头人、广州市骨干教师，他们都组织参加过国家、省、市级研究课题的研究工作，掌握了大量与本课题有关的第一手资料，并且受过系统的教育科研方法培训，掌握了系统的教育科研流程，有较强的教育科研意识和能力，且取得了一定的科研成果，能够科学地应用教育科研手段完成本课题的研究任务。课题组其他人员均为年轻教师，他们精力充沛，有热情与干劲。除此以外，他们都是学校各年级的级组长、班主任，长期在小学一线工作。他们构成了课题研究的具体实施队伍，从知识结构、专业素质和已有经验看，这支队伍是很出色的。

2. 前期准备工作保障

在确立本课题之前，我们进行了文献收集工作和调研工作，查阅了许多关于小学生的感恩教育及文明礼仪养成教育的资料。通过研究，我们了解到当前小学生受到的感恩教育和文明礼仪的养成教育现状堪忧，在小学中深入地开展这两项教育研究确有必要性和很大的实用价值。此外，我校自1997年办学以来就积极开展德育教育研究工作。近年陆续推出了《广州开发区第二小学学生文明礼仪标准》和以"文明礼仪伴我行"为主线的德育校本课程，积累了大量丰富的第一手资料，为我们的研究奠定了坚实的基础。

3. 研究保障

我校是广东省一所一级小学，有稳定的财政拨款，学校有相应的科研经费与科研奖励经费。学校设有图书馆，藏书丰富，并设有电子阅览室，能很好地满足师生查阅资料的需要。德育处具体指导课题研究的开展，能保证课题研究的正常实施。

七、最终成果转化

1. 把"感恩系列活动"打造成我校常态性的品牌活动，使学生常怀一颗感恩的心，提升文明礼仪素养，解决"为什么做"的问题。

2. 开设文明礼仪校本课，健全"文明礼仪"评比活动，使文明礼仪教育成为我校校园文化的重要组成部分，解决"怎么做"的问题。

八、参考文献

［1］陶志琼.关于感恩教育的几个问题的探讨［J］.教育科学，2004（4）10-15.

［2］李艳苓.良好的人际关系靠的是人格［J］.少年儿童研究，2006（9）.

［3］李希贵.为了自由呼吸的教育［M］.北京：高等教育出版社，2005.

［4］魏书生.班主任工作漫谈［M］.桂林：漓江出版社，1993.

［5］中华人民共和国教育部.中央教育科学研究所学校教育研究部校本教材·文明礼仪［M］.北京：首都师范大学出版社，2005.

［6］陶行知.陶行知全集［M］.成都：四川教育出版社，1991.

［7］胡国枢.生活教育理论——陶行知教育思想研究［M］.杭州：浙江教育出版社，1991.

例2：

课题名称：通过感恩活动培养小学生文明礼仪素养策略研究

一、选题的意义和研究目标

1. 选题的意义

广州萝岗开发区制造业发达，外来人口持续增加，在校生中农民工子女所占比例越来越大，学生越来越无情、越来越薄恩、越来越难教。流动的生活环境和相对缺失的家庭教育让这些孩子文明礼仪素质不尽如人意：言行不文明、环保意识缺乏、不爱护公共设施、纪律涣散等现象屡见不鲜。另外，在校学生中独生子女占多数，百般呵护甚至溺爱的生活环境让这些孩子在家庭及社会交往中以自我为中心，不懂得尊重、关心、体谅、感恩，不懂礼貌、做事不计后果、自私任性、不善于和同伴合作等现象普遍存在。

目前学校德育问题主要表现在四个方面：一是重灌输，轻践行；二是重规范，轻人格；三是重校内，轻校外；四是重结果，轻过程。

而感恩是中华民族的优良传统，也是一个人的基本品德，是最能拨动学生心灵的话题，是最具有针对性和实效性的文明礼仪素养教育。通过感恩活动对学生实施文明礼仪教育，让学生能在社会上做个懂文明礼仪的好公民，在家做个懂文明礼仪的好孩子，在学校做个懂文明礼仪的好学生，具有重要的历史意义和现实意义。

2. 研究目标

本课题研究将通过鲜活生动、亲近生活、蕴含哲理的活动式教育，让学生在活动中参与、在活动中体验、在活动中感悟、在活动中感恩。让学生懂得自己生命的成长离不开老师、家长、社会、自然的恩赐，懂得人与人和谐相处、人与自然和谐相处，促进中小学生养成一系列做人、做事和学习方面的良好行为习惯，促进其健康人格的形成，为学生的可持续发展奠定基础。

本课题将着眼中小学生以感恩教育为核心的活动式教育途径，有利于突破传统德育模式的弊端，创新新时期德育教育方法和措施，形成新的德育构建模式，实现学校德育富有成效的长期机制，促进学校德育良性发展。

本课题的研究将促进快乐、文明、自信的校风的形成。因为感恩使人快乐，因为快乐使人文明，因为文明使人自信；促进会学、乐学、勤学的学风形成，因为感恩的孩子会好好学习，因为学习好就会很快乐，因为很快乐就更加勤奋向上。

通过感恩教育系列活动，让学生有丰富善良的情感做"根基"，有帮助他人的善意做"地基"，有希望别人美好的品德做"路基"，懂得父母养育之恩、师长教导之恩、同学友爱之恩、社会扶助之恩等，让每个学生都具有一颗健康向上，知恩、感恩的美好心灵！

二、参考文献

［1］吕旭峰，刘晓萍.关于感恩意识与感恩教育的思考［J］.上海师范大学学报（基础教育版），2006（5）：10-13.

［2］陶志琼.关于感恩教育的几个问题的探讨［J］.教育科学，2004（4）：10-15.

［3］胡国枢.生活教育理论——陶行知教育思想研究［M］.杭州：浙江教育出版社，1991.

［4］李希贵.为了自由呼吸的教育［M］.北京：高等教育出版社，2005.

［5］魏书生.班主任工作漫谈［M］.桂林：漓江出版社，1993.

［6］中华人民共和国教育部.中央教育科学研究所学校教育研究部校本教材·文明礼仪［M］.北京：首都师范大学出版社，2005.

［7］陶行知.陶行知全集［M］.成都：四川教育出版社，1991.

[8] 李艳苓.良好的人际关系靠的是人格 [J].少年儿童研究，2006（9）.

三、国内外研究现状综述

礼仪是一个国家、一个民族的精神面貌和文明水平的标志，在现代社会中，礼仪不仅仅是个人道德修养的外在表现，更是一个人在社会交往中必须具备的一种素养和能力。孔子曾说："不学礼，无以立。""人无礼而不生，事无礼而不深，国无礼而不宁。"我国著名的思想家颜元说："国尚礼则国昌，家尚礼则家大，身有礼则身正，心有礼则心泰。"著名的儿童教育专家关鸿羽说："习惯培养需要训练。"著名的教育思想家陶行知先生提出了"生活教育理论"，重视做中学，提倡在实践中养成习惯。中华民族五千年文明史，也是文明礼貌的发展史。直到今天，我国人民热情好客、文明礼貌、尊老爱幼等优良传统仍为世界各国所称道。因此，在学生中开展文明礼仪教育，教会学生做人，提高学生的文明礼仪修养，让学生养成良好的文明礼仪习惯，为学生的终身发展奠基。

青少年是祖国的未来，民族的希望，是祖国未来的建设者。加强青少年道德教育，是贯彻以德治国的重要内容，是事关国家前途命运的大事。我国把"学会感恩"写进《小学生守则》，感恩教育研究将成为全国进一步落实《中共中央国务院进一步加强和改进未成年人思想道德建设的若干意见》，加强和改进学生思想道德建设的主导性德育研究潮流。2006年，中国科学院心理研究所国家726项目研究中心正式在全国启动"全国中小学感恩教育研究活动"，并申请成为国家"十一五"重点课题，面向全国选择一批挂牌实验学校，这意味着该课题的研究在全国范围内具有代表性。当前，在互联网上有关感恩教育研究的文章和成果比较丰富，主要从感恩教育的重要性、感恩教育的内容、途径等方面进行探讨，许多地区、学校也在进行感恩教育的对照研究。但尚未出现成熟的感恩教育途径和方法理论研究，该课题的研究对探索德育教育的新模式有重要意义。因此，开展该课题研究是时代的需要，是社会发展的需要，更是人才培养的需要。

我国一直都非常重视未成年人的思想道德建设，非常重视未成年人的健康和谐成长。2004年9月，教育部修订颁布了新《中小学生守则》《中（小）学生日常行为规范》；2006年10月，党中央提出了构建社会主义和谐社会的决定等。这些重要的纲领性文件都充分表明加强和改进未成年人的思想道德建设的重要性。未成年人的思想道德建设，文明修养的提高，是关系国家前途和命运的大事。中华民族的礼仪中，保留了丰富的优秀文化元素，它实际上也是中国传统文化的一个体现。实行礼仪教育，不仅是教会学生懂礼貌、讲理解，做文明人，是做人的基本要求，也是一个人生存、交往的基础，更是对中华优秀传统文化的继承与发扬，是落实民族精神教育的一个有效途径，同时对提高德育的实效性、构建和谐社会也有着积极作用。

我们通过调查发现，我校学生独生子女居多，他们常常以自我为中心，缺乏礼仪常识，不懂得温和谦让，不善于与周围的人交往，讲究个人自由，忽视文明礼仪的重要性，缺乏良好的礼仪习惯；而且一部分家长重智轻德，认为孩子只要学习好就行了，忽略了对孩子文明礼仪的教育。随着经济的不断发展和社会的不断进步，人们认识水平的不断提高，礼仪作为一种行为规范和行为模式，在人类社会生活的各个方面都发挥着重要作用。它使我们的生活更有秩序，使人际关系更为和谐。在小学生中推行礼仪教育就好比在他的人生起点道路上注入一片春光，让他终身受益。而现代社会发展对人的文明礼仪的要求不断提高，因此在我校学生中开展文明礼仪教育势在必行。

四、已有的研究基础

我校是一所省一级学校，在多元发展的社会文化大背景下，"崇德、尚美、学渊、志远"一直是学校师生工作与学习的航标。学校倡导以学生为中心的个性化教育，提出了"全面发展，张扬个性"的办学理念。通过几代办学人的努力，形成了和谐的校园文化和校园精神，而感恩教育是我校长期以来一直关注的重要领域。学校2008年成立了德育处，并建立了一系列的德育规章制度，为我们进行课题研究提供了可能。

本课题的研究者从2011年参加萝岗区第一届骨干班主任培训以来一直致力于感恩活动设计和班级授课、年级授课，感动了师生家长，触动了师生家长的感恩之情，激发了师生家长的感恩之心，特别是连续三年六年级毕业典礼暨感恩课堂的《感恩成长幸福》课让师生家长热泪盈眶、深深感动。其于2011年11月被推荐为第二批广州市中小学"名班主任"培养对象，通过2年的理论培训和实践操作，2013年12月顺利结业，被评为广州市第二批"名班主任"。该课题提升了班主任管理和学生教育的理论，提高了教师感恩活动设计和授课的能力。

五、研究内容（尽量把研究内容进行细化和分解）

一年级：小故事，大道理（小小感恩会，道理蕴其间）。

二年级：小视频，大感恩（看感恩故事，明礼知感恩）。

三年级：小活动，大文明（感恩中学礼，明镜你我他）。

四年级：小课本，大修养（悦读感恩事，润物细无声）。

五年级：小舞台，大礼仪（感恩大舞台，礼仪你我他）。

六年级：小课堂，大素养（成长感恩幸福，素养你我他）。

段段有重点：

① 一、二年级：良好的行为习惯。（陈鹤琴："习惯养得好，终生受其益；习惯养不好，终生受其累。"叶圣陶："什么是教育？简单一句话，就是养成良好的习惯。"）

② 三、四年级：正确而又高尚的情感。（陶铸："一个人有了崇高的伟大的理想，还一定要有高尚的情操。没有高尚的情操，再崇高、伟大的理想也是不能达到的。"刘备："勿以恶小而为之，勿以善小而不为。"）

③ 五、六年级：正确的人生观、价值观。（雷锋："如果你是一滴水，你是否滋润了一寸土地？如果你是一线阳光，你是否照亮了一分黑暗？如果你是一颗粮食，你是否哺育了有用的生命？如果你是一颗最小的螺丝钉，你是否永远守在你生活的岗位上？如果你要告诉我们什么思想，你是否在日夜宣扬那最美丽的理想？你既然活着，你又是否为了未来的人类生活付出你的劳动，使世界一天天变得更美丽？我想问你，为未来带来了什么？在生活的仓库里，我们不应该只是个无穷尽的支付者。"居里夫人："我们应该有恒心，尤其要有自信心。"）

六、预期成果及效益分析

要明确成果完成时间、成果名称与形式、成果应用范围及效益。

第一阶段：

根据调查低、中、高年段学生现状，设计感恩活动课题，培养学生文明礼仪素养，申报研究课题。该阶段的主要内容有：填写课题申报表，请区教研中心周宇轩、市品德教研中心姚顺添专家咨询、论证。采用文献研究、调查、访谈等方法完成理论及现状分析。

第二阶段：

课题论证与实施启动阶段。该阶段的主要内容有：撰写课题研究方案、文献研究综述、前期调查报告、各项目的确定以及认领和分工、明确课题人员的分工及研究工作、确立课题的研究对象。对家庭与学校的教学功能和定义进行深入的调研，收集整理相关文献资料。在研究过程中召开课题会议，对课题组成员组织相关的理论学习，收集小组成员在课题研究过程中的一些想法和思考。

第三阶段：

行动研究与实践探索阶段。该阶段的主要内容有：分工研究推进，进行研究案例积累，文献研究贯穿始终，教师培训与实践研究结合，每学期开展课题研究汇报活动，同时开展与专家的对话交流活动，完成课题研究中期汇报评估。

一年级：小故事，大道理。利用课前五分钟，开设"小小故事家"活动，老师给学生讲故事，学生提前准备故事来讲给同学们听，然后谈谈明白了什么，懂得了什么，让学生在每一个故事里明事理、知感恩、行礼仪。

二年级：小视频，大感恩。教师收集大量中华经典感恩故事的视频，利用班队课、午读、下午最后一节自由安排课等不定时让学生观看，通过画面、声音、情感，让学生直观、亲切地明礼仪知感恩，在校回家行礼仪。

三年级：小活动，大文明。开展"小手牵大手"我为妈妈庆三八"清明节缅怀先烈""我向国旗敬个礼"等小活动，让学生在活动中因恩而感，因感而学礼、行礼，让文明礼仪之花处处开放，让文明礼仪之风处处盛行。

四年级：小课本，大修养。四年级的学生已经具备了一定的阅读能力和阅读速度，老师应充分利用感恩课本，如《感恩父母》《感恩亲人》《感恩老师》《感恩朋友》《感恩自然》《感恩社会》《感恩烈士》《感恩真好》《窗边的小豆豆》《妈妈不是我的保姆》等课本，让学生利用午读时间、课间十分钟、亲子阅读时间等进行阅读，让感恩浸润学生的心灵，滋生感恩的情感。

五年级：小舞台，大礼仪。五年级的学生懂事明理了很多，对父母、老师、身边的人，既多多少少接受了他们给予的帮助，也多多少少帮助了一些人；既感受到了得到帮助的愉悦，也体会到了帮助他人的快乐。老师可以组

织"感恩老师"朗诵会、"不忘国耻，振兴中华"感恩烈士演讲比赛等。

六年级：小课堂，大素养。六年级的学生即将面临小升初的毕业考试，家长的拔节期望和学生的自然生长发出了不和谐的奏鸣曲，"耳朵与嘴巴的对话""成长的烦恼""成长感恩幸福"等课堂，让学生既学会了与父母沟通的方法，又体会到了父母的爱，感恩父母之情油然而生。

第四阶段：

总结与鉴定阶段。研究成果汇总，撰写课题研究报告，收集整理研究案例，撰写相关研究论文，整理感恩活动设计。

七、拟采用的研究方法和技术路线

拟采用的研究方法和技术路线包括基本思路、总体安排和进度、可行性分析。

1. 行动研究法

提出问题、分析问题、拟订计划、具体计划、行动实施、提出报告，一边研究一边实施，形成每个阶段的研究内容，探索有效实施小学生各阶段感恩教育的目标、内容、途径和方法体系，通过每个年段的感恩活动培养小学生的感恩意识与行为。

2. 教育调查法

有目的、有计划地对部分研究学生进行访谈、问卷，了解小学生感恩的总体现状，进而分析其因果关系，揭示感恩教育的规律，确定课题研究的方案，为解决课题研究的重点做好铺垫。

3. 文献研究法

文献研究法的五个基本环节是提出课题或假设、研究设计、收集文献、整理文献和进行文献综述。了解目前国内外感恩教育的现状及一些经验，收集有关资料，从中学习、借鉴，促进研究课题的深化。

4. 案例研究法

案例研究法是实地研究的一种。选择典型学生进行跟踪研究，了解他们的感恩意识与行为发展的特点，进而归纳出适合大部分学生发展的教育规律。

5. 经验总结法

通过对实践活动中的具体情况，进行归纳与分析，使之系统化、理论化，进而上升为经验。对研究中出现的问题和经验及时进行总结、研讨，以指导课题的实践工作。

微笑课堂行动指南

一、理念

教给知识，留下微笑。

微笑是人世间最美的语言。在教学中教师的微笑给学生一种亲切感，使学生产生一种良好的情绪，学生就能在这种宽松和谐的气氛中无拘束地、轻松愉快地去思考、学习，思维更容易得到开发，潜能更容易得到挖掘，从而使创新能力得到发展。在教学过程中，坚持以生为本、微笑育人，教师通过发挥自己的主导作用和教学的艺术，积极地利用、激发和培养学生的积极情感，创造一个充满积极情感的教学环境。遵循认识规律进行教学，师生互动、情知互促，以取得发展学生智力、丰富学生情感、提高素质的最佳效果。

二、工作目标

1. 以学科为单位，构建"微笑课堂"教学模式群。

2. 以质量提升为追求，探索"微笑课堂"的有效教学体系。

3. 通过"微笑教学"，活跃课堂气氛、拉近师生间的距离、养成学生乐观向上的心态、营造融洽的人际关系、引导学生学会学习、提高学生的学习效率。

三、教学模式

1. "二三五""微笑课堂"模式

"二"：以学生为主，以弱生为主。

"三"："三F"，Fish——"鱼"、Fish——"渔"、Fun——"愉"。

此教学模式的含义是，在教学过程中，教师坚持以生为本，通过发挥自己的主导作用，引导学生在宽松和谐的气氛中无拘无束地、轻松愉快地思考、学习，从而获取知识、掌握技能，得到"鱼"；在互动、交流的学习情境中掌握学习的方法，收获"渔"；课堂上，学生在轻松、愉快、和谐的课堂环境中快乐学习，感受"愉"。

"五"：微笑导学→微笑示学→微笑活学→微笑研学→微笑赏学。

2.基本思路

以学生为本，以教师为主导，创设情境，培养情感，师生互动，生生互动，以情促智，情智互促，提高素质。

3.基本结构

创设情境 → 激发情绪 → 培养情感（情感过程）

　　↑↓　　　　↓↑　　　　↑↓

学生为本 → 教师主导 → 师生互动 → 情智互促 → 提高素质

　　↑↓　　　　↓↑　　　　↑↓

感知教材 → 开展思维 → 知识内化（认识过程）

四、基本特征

1.主导性与调控性。

2.情境性与激情性。

3.民主性与宽容性。

4.参与性与示范性。

5.合作性与艺术性。

五、基本要求

教师带着爱意、微笑、激情进课堂。

1.要有一颗包容的心。

2.把爱给每一位学生。

3.保持亲和力。

4.赏识你的学生。

5.切记：爱的力量是无穷的。

6.让学生在幽默和笑声中学习。

7.学会倾听学生的心声。

8.尽量多给学生发言的机会。

9.让你的眼睛会说话。

10.恰当地使用肢体语言。

11.身教重于言传。

12.把握好课堂提问的时机。

13.努力实现有效教学。

14. 走下讲台，到学生中去。

六、课堂程序

在教学过程中，教师要依据学生的兴趣、愿望、要求、心理特点、内心活动、已有知识、经验和能力等，巧妙设计和采用最适合的教学方法，见机导出操作程序。

1. 教师一进课堂，就应仪表良好，微笑面对全体学生，令学生心情舒畅，师生心灵相通，相近相亲，让学生感到"这样的老师平易近人，我们喜欢，学习热情顿时倍增，浑身有劲"。

2. 课堂上，看到厌学的学生，教师更应面带微笑，显出友善的态度，适时调整操作程序，让这些学生感到"这老师的课我们愿意听，再也不怕读书学习了"。

3. 课堂上，不管学生表现好坏、成绩优劣、长相美丑，教师都要以诚相待，尊重体贴，让这些学生心悦诚服："这老师待我真好！他（她）绝不会在他人面前为难戏弄我，更不会恶语中伤、讽刺挖苦打击、体罚人，只是循循善诱，把我引向正路。"

4. 教师讲课，面带微笑，语言幽默有趣。教师要把课堂当作师生交流思想感情、启迪智慧灵感的其乐融融的"磁场"，使每堂课都有学生甜蜜的笑声，让学生感到听您的课，就是美的享受。

5. 课堂上难免出现怀疑、胆怯、有误、违纪的学生，教师也应以平和的心态，发出不显著、不出声的笑，对他们充满期待与宽容，让他们懂得"在这样充满期待与宽容的老师面前，永远都没有愚蠢笨拙的学生"。

6. 课堂上出现见解独特、标新立异、才华横溢的学生，教师应以欣赏的笑脸给学生以充分的肯定与激励。在这样的老师面前，学生的实践能力得以提高，创新精神得以爆发。

7. "微笑课堂"喜形于脸，动情于心，寓教于乐，从而提高课堂教学质量。

七、课堂语言

课堂上，教师的语言要做到：饱含深情、准确得体、生动丰富、激励引导、机智巧妙、诙谐幽默、独特创新。

八、具体措施

1.关注核心理念，构建"二三五"微笑课堂教学模式下的五步教学法

（1）学生的发展是现代教育的核心，因此，教育要站在学生立场，不断深化"让每个孩子都健康快乐成长"的观念，逐步创建自然、和谐的"微笑课堂"。

（2）重点加强教师对学生认知心理学等方面的理论学习，帮助教师更好地了解学生、关注学生，改进教学方式，努力建设自然、和谐的"微笑课堂"。

（3）探讨具有学科特色的"微笑课堂"模式。

2.以教学五环节为抓手，探索"微笑课堂"教学体系，全面提升教学质量

（1）备课：基于学生认知心理特点，重视学生学习过程设计，做到心中有生。

（2）上课：全面关注学生的学习过程和学习体验，努力打造自然、淳朴、趣味的"微笑课堂"，充分体现"三F教学模式"的基本思路。

（3）作业：精心设计作业，力求做到形式多样、分层选择、实践体验。

（4）辅导：根据学生特点进行有针对性的个别辅导，让学生感受到爱，充满信心。

（5）评价：通过多元评价，挖掘学生潜力，树立学习信心。

3.精细管理抓教学，勤研善训促发展

（1）不断完善《学校教育教学常规管理条例》，通过精细化管理进一步规范教学常规，杜绝各种违规现象，努力走"减负增效"的教改之路。

（2）深入推进课程改革。①加强教情、学情分析，以学定教；加强教学质量监控，提高质量分析、研究与指导；②积极探索"微笑课堂"教学新模式、新方法，加强课堂教学有效性的研究；③逐步形成科学合理的学生全面发展评价体系。

（3）以"专业引领、同伴互动、自我反思"为抓手，把"教研训一体化"的主题式校本教研活动推向纵深。研：发现教学的"亮点与困惑"，从教学疑难中追溯根源，从质量分析中查找问题。训：关注培训内容的主体化、问题外显化、目标任务化、形式多样化。通过培训，让学习成为发展根本，将实践作为工作基石，使研究成为提升支点。

（4）以骨干教师为引领，以教研组建设为中心，以青年教师为重点，努力搭建教学实践平台，积极研究"微笑课堂"，提高教学的实效性。教研组、备课组两支队伍齐头并进，通过教研活动，把脉"微笑课堂"的实践效度。力求钻研教材，了解学生，把教材和学生紧密相连，把教学与生活紧密相连；改进教学，关注学生，师生共同构建"微笑课堂"；改进作业，多元评价，减负增效。

九、推进计划

第一阶段：

1. 学习、发展、规划"微笑课堂"的行动计划。

2. 加强教学常规管理，引导教师转变教学理念，不断深化"让每个孩子都健康快乐成长"的理念，了解什么是自然、和谐的"微笑课堂"。

第二阶段：

1. 继续贯彻自然、和谐的"微笑课堂"教学理念，进行"微笑课堂"教学模式的探索与实践的研究。

2. 以学科为单位，探索"微笑课堂"的有效教学体系，并在实践中试着去提炼"微笑课堂"有效教学的方法。

3. 在教学实践中试着探寻"微笑课堂"教学工作的五项要求。以教学五环节为抓手，探索"微笑课堂"教学体系。

4. 不断完善《学校教育教学常规管理条例》，通过精细化管理进一步规范教学常规，杜绝各种违规现象，努力走好教改之路。

5. 积极探索"微笑课堂"教学新模式、新方法，加强课堂教学有效性的研究。

6. 开展教学中"有效评价"的研究，逐步形成科学合理的学生全面发展评价体系。

第三阶段：

1. 在教学中继续探索"微笑课堂"教学新模式、新方法，部分教师的教学个性化得以基本显示，初步形成其教学特色。

2. 积极组织教师参加市级以上的学科教学竞赛，并能取得较好成绩。

3. 试着总结"'微笑课堂'N招"。

4. 总结教师的教学案例，并试着刊发成果《"微笑课堂"教学案例集》。

5. 各部门齐心协力，将"构建'微笑课堂'教学模式的实践研究"的材料整理妥当。

6. 将全体教师教学中的经验和总结加以整理、归档，将《"微笑课堂"教学实践经验和总结》整理成册。

7. 进一步完善《学校教育教学常规管理条例》。

十、标志性成果

1.《"微笑课堂"N招》。

2.《"微笑课堂"语言集锦》。

3.《"微笑课堂"教学案例集》。

4.《构建"二三五微笑课堂"教学模式下的五步教学法》。

5.《"微笑课堂"教学实践经验和总结》。

6.《学校教育教学常规管理条例》。

例1：

"二三五微笑课堂"教学模式下的五步教学法

语文：

激趣导入—识字正音—读文品句—语用模仿—归纳提升。

数学：

激趣导入—自主学习—合作交流—知能应用—知识总结。

英语：

激发动机（warming-up）—优化程序（presentation）—反馈调控（consolidation）—矫正深化（development）—整体提升（improvement）

体育：

目标导学—研讨探究—互助释疑—巩固拓展—总结提高。

艺术：

情境导入—作品分析—创作表现—欣赏交流—情感升华。

科技：

激趣导入—指导示范—分组实验—归纳总结—拓展应用。

例2：

教师精彩课堂语言

听：

1. 谢谢大家听得这么专心。

2. 大家对这些内容这么感兴趣，真让我高兴。

3. 你们专注听讲的表情使我快乐，给我鼓励。

4. 我从你们的姿态上感觉到，你们听明白了。

5. 我不知道我这样说是否合适。

6. 不知我说清楚了没有，说明白了没有。

7. 不知我的解释是否令你们满意，课后请大家再去找有关的书来读读。

8. 你们的眼神告诉我，你们还是没有明白，想不想让我再讲一遍？

9. 会"听"也是会学习的表现。我希望大家认真听好我下面要说的一段话。

10. 听课的情况反映出，我们是一个素质良好的集体。

说：

1. 谢谢你，你说得很正确、很清楚。

2. 虽然你说得不完全正确，但我还是要感谢你的勇气。

3. 你很有创意，这非常可贵。请再响亮地说一遍。

4. ××说得还不完整，哪一位同学再补充一下？

5. 老师知道你心里已经明白，但是嘴上说不出来，我把你的意思转述出来，然后再请你学说一遍。

6. 说，是用嘴来写，无论是一句话，还是一段话，首先要说清楚，想好了再说，把自己要说的话在心里整理一下就能说清楚。

7. 对！说得很好，我很高兴你有这样的认识，很高兴你能说得这么好！

8. 我们今天的讨论很热烈，参与的人数也多，说得很有质量，我为你们感到骄傲。

9. 说话是把自己心里的想法表达出来，与别人交流。说时要想想别人听得明白吗。

10. 说话，是与他人交流，所以要注意仪态，身要正，不扭动，眼要正

视对方。对！就是这样！人在小时候容易纠正不良习惯，经常注意哦。

读：

1. 读是我们学习语文的基本方法之一。古人说，读书时应该做到"眼到，口到，心到"。我看，你们今天达到了这个要求。

2. 大家自由读书的这段时间里，教室里只听见琅琅书声，大家专注的神情让我感受到什么叫"求知若渴"，我很感动。

3. 经过这么一读，这一段文字的意思就明白了，不需要再说明什么了。

4. 请你们读一下，将你的感受从声音中表现出来。

5. 读得很好，听得出你是将自己的理解读出来了。特别是这一句，请再读一遍。

6. 读的要求应该分出层次。首先是通读，将句子读顺口，不认识的字借助工具读准字音。对于这一点，同学们的认识是清楚的，态度是重视的，做得很好。

7. 听你们朗读是一种享受，你们不但读出了声，而且读出了情，我很感谢你们。

8. 默读时，贵在边读边思考。现在我们将默读的思考心得交流一下。

9. 默读，要讲究速度。现在我请大家在十分钟内看完这段文字，并请思考……

10. "读书百遍，其义自见"，我请各位再把这部分内容多读几遍，弄懂它的意思。

问：

1. "学贵有疑"，问题是思考的产物，你们的问题提得很好，很有质量，这是善于思考的结果。

2. 你们的问题很有价值，看来你们读书时是用心思考的。

3. 这里有同学提出了这样一个问题，请大家看看是否有答案。

4. 你们现在真能问，能问在点子上，能抓住要点来提问。

5. 同学们的思想变得很敏锐，这些问题提得很好。

6. 这个问题提得很有意思，让我试着回答，也不一定准确。

7. 今天我们的提问已大大超出了课文的范围，反映了我们同学学习的积极性及强烈的求知欲望。

8. 有些问题我们可以先问自己，自己有能力解决的，就不必向别人提出。让我们看看，刚才新提出的问题，哪些是自己有答案的？

9. 有一个问题是我要请教大家的，谁能帮我解决？

10. 我从同学们的提问中看到的是思维的火花，非常灿烂，与其说是我在教你们，不如说是你们在教我，你们的学习能力在提高。

写：

1. 同学们养成了良好的学习习惯，作业本很干净，书写也端正。我很高兴，感谢大家。

2. 请同学们看（用手扬起一大沓本子），我今天要表扬这么多同学，让我来念念他们的名字。这些同学的作业字迹端正，行款整齐，很少有错别字，文句通顺，进步很大。

3. 同学们写下了自己的所见、所闻、所思，我也写了一点，现在我念给大家听，希望大家能喜欢。

4. 写文章的目的是与人交流，将自己的感情和思想用文字表达出来，让别人了解。我们的作文也应该有读者，有读者群。我建议大家互相交流，看完后将自己的体会用一两句话写下来，目的是互相鼓励。

5. 优秀的作文是全班的财富，应该让大家共享。请大家出出主意，如何使这些财富充分地发挥作用，让每一位同学得益，特别请这些财富的创造者出出主意。

6. 用自己的笔写自己心里的话，这一点很重要。我们班××同学做得比较好，他的作文虽然也有缺点，却给人一种真诚的感觉。

7. 有纳才能吐，有积累才能够表达。我们有些同学作文中的词语是丰富的，看得出他们课外有较大的阅读量。

8. ××同学从生活中找写作材料的本领很大，即使一件不起眼的小事，他也能留心观察，作为原始材料积累起来，他的写作材料总是那么新鲜、独到。

9. 刚刚过了××节，同学们一定还有深刻的印象，今天我们就以"××节"为题，写一篇作文，好吗？

10.文章写完了，自己先小声读两遍，注意有没有词句的毛病和写错、写漏的字。

例3:

小学语文人教版课标四年级上册《猫》教学设计
广州开发区第二小学谢玉兰

【教材分析】

《猫》选自义务教育课程标准实验教科书《语文》四年级上册。这篇文章细致、生动地描述了猫的古怪性格和它满月时的淘气可爱，全文字里行间流露出作者对猫的喜爱之情。课文从三个方面具体表现猫的性格古怪：第一，既老实又贪玩，既贪玩又尽职；第二，高兴时和不高兴时截然不同的表现；第三，"什么都怕"，但又那么"勇猛"，小时候还十分淘气。作者用具体事实表现猫的特点，将对猫的喜爱之情蕴藏在平实无雕琢的语言之中，创造出一个人与猫之间互相信任的美好境界。要引导学生抓住关键词句来品味语言，感受人与动物的和谐相处，体会作者对生活的热爱。

【教学目标】

1. 正确、流利、有感情地朗读课文。学习生字，正确读写并理解"任凭、尽责、屏息凝视、变化多端"等词语。

2. 理解课文内容，体会作者是如何把猫的特点写具体，并表达出自己对猫的喜爱之情的。

3. 激发学生课外观察小动物的兴趣，以及热爱生活的情趣。

【教学重点】

抓住重点语句，体会猫性格的古怪和作者对猫的喜爱之情。

【设计理念】

弘扬微笑理念，培育语文素养。

一位教育心理学家说过："微笑是活跃课堂气氛的润滑剂。老师带着微笑出现在课堂上，就会在教与学之间架起一座情感交流的桥梁，就会让学生在和谐、亲切、愉悦的气氛中喝下科学的乳汁。"要想语文课堂高效，教师就必须"赢得学生的思想"，就必须要让微笑走进我们的语文课堂。

整堂课我积极贯彻我校"微笑课堂"五模式，即微笑导学—微笑示学—微笑活学—微笑研学—微笑赏学。以学生为本，创设情境，培养情感，师生互动，生生互动，以情促智，情智互促，提高素质，活跃课堂气氛，拉近师生间的距离，营造融洽的师生关系、生生关系，引导学生交流、合作、探究，学会学习，提高学生的学习效率。

【教学过程】

一、激趣导入，微笑导学

师：看，老师给大家带来了一组动物朋友。（播放猫的系列图片）喜欢吗？想说点什么？著名作家老舍先生也非常喜爱猫，今天我们就一起学习老舍先生写的《猫》。（板书课题，齐读）

猫：形声字，反犬旁是形旁，苗是声旁。比较特别的是，猫的叫声是喵……

介绍作者：老舍是笔名，原名舒庆春。今天我们一起来看看他笔下的猫是什么样子的。

（设计意图：兴趣是最好的老师，通过观看猫的系列图片，激发学生的爱猫之情，在轻松愉悦的氛围中奠定本节课的学习基调，便于学生与文本充分展开"对话"。）

二、初读课文，解决字词问题，整体感知

1. 出示幻灯片

自由读课文，注意读准字音，读通句子；思考：老舍先生笔下的猫是什么样子的？

2. 检查字词

很乖　任凭　尽职　抓痒　淘气　开辟

性格　贪玩　稿纸　踩印　梅花　跌倒　撞疼

屏息凝视　丰富多腔　变化多端　枝折花落　生气勃勃

（1）开火车检查读，正音。重点指导"屏""折"的读音。

（2）学习多音字"屏、折"。

（3）指导字形：贪、凭。

（4）指导书写：凭。

（设计意图：预习是培养学生自主学习能力的一个重要环节。通过预习学生可对新知识有初步的理解，学生通过自己的独立思考就可以学会，从而提高自主分析问题、解决问题的能力。）

3. 整体感知，概括文章主要内容

（1）《白鹅》突出了白鹅高傲的特点。《白公鹅》突出了白公鹅的海军上将派头。老舍笔下的猫是什么样的？你从哪句话知道的？

（板书：古怪）

（2）哪几个自然段是写猫的"性格古怪"的？找出中心句。

（3）第四自然段写的又是什么特点？

（板书：淘气）

（设计意图：学生初读课文，掌握课文生字词之后，教师引导学生对猫这一形象进行整体把握，抓住"猫的性格实在有些古怪"这一牵动全文的中心句，省去了许多不必要的提问，使教路、文路、学路三线合一。定准了这一阅读的靶心，学生的探究阅读就有了明确的目标导向。在这个环节我以弱生为主，帮助他们主动读准字音，积累语言。）

三、品读"古怪"，微笑示学

过渡：课文四个自然段中，有三个自然段写的是猫性格古怪，是作者着墨最多的地方，我们需要着重研究一下。

1. 快速默读第一段，想一想：作者为什么说这只猫很古怪？圈画文中一些关键词。

（1）汇报：老实（训练朗读）

（板书：老实）

它老实的时候是什么样的呢？到文中找找。

过渡：请你们分别用横线和波浪线画出它的贪玩和尽职。

（设计意图：有意识地训练学生按照要求在文中进行圈点勾画，养成不动笔墨不读书的好习惯。读为语文之本，指导学生读出自己的感受和体会。）

（2）汇报：贪玩

（板书：贪玩）

师：谁来读读猫贪玩的句子？

师：这只猫比你们还贪玩，这不，已经一天一夜没回家了！

A：老舍的夫人着急了，她会怎样呼唤猫？——（师：猫不肯回来）

B：满满的一碗猫粮还没有动过，小孙女也急了，心疼地呼唤——
（师：猫也不肯回来）

C：老舍先生自己也忍不住呼唤起来——（师：猫还是不肯回来）

师：文中用一句话概括了这个场面（读）：任凭谁怎么呼唤，它都不肯回来。

任凭……都……

师：任凭这个词可以用什么词来替换？（无论……也……；不管……也……）替换读。

师：真是一只贪玩的猫啊，谁还能把它读得更贪玩一点？男女生赛读。

师：这只猫也不是只会贪玩，它也有很尽职的时候。谁来读读它尽职的时候又是怎样的？

（设计意图：创设老舍先生一家人呼唤猫的情境，让学生联系已有的生活体验去想象、去尝试、去感悟，并和已有的感知经验碰撞、接通，在轻松愉快的氛围中不知不觉地心中有所悟、豁然开朗，体会到了那份只可意会不可言传的神韵。）

（3）汇报：尽职

（板书：尽职）

师：屏息凝视是什么意思？

生：大气都不敢出，聚精会神地看。

师：现在你们就是那只聚精会神的猫，屏住呼吸，凝视洞口10秒钟，感觉怎么样？难受吗？你们连10秒钟都很难坚持，这只猫却能坚持几个小时，多么有耐心呀！让我们读出它的耐心。

师：我们发现这个句子里有一组关联词：非……不可。

当你一定要吃麦当劳可以怎么说？——吃的决心很大。

当你一定要出去玩的时候可以怎么说？——玩的决心也很大。

而这只猫，是非把老鼠等出来不可。读出它的决心。

我们都知道老鼠是很机灵的，一不留神就溜走了，想要抓到它，还得非常怎样？（专心）读出它的专心。

过渡：多么尽职的猫啊！

（设计意图：通过师生互动、生生互动，调动学生的情境体验，加深学生对重点词语的理解，扎扎实实地进行语言文字的训练，体会猫的尽职。）

总结：你看，我们用抓重点词句的方法，就理解了这只猫的古怪表现为

有时老实，有时贪玩，有时尽职，感受到了作者对猫的喜爱之情。

（设计意图：在教学过程中，我坚持以生为本，通过发挥自己的主导作用，营造宽松和谐的学习氛围，学生轻松愉快地思考"作者笔下的猫是如何古怪的"。通过抓关键语句来感受猫的古怪，体会作者对猫的喜爱之情。学生在互动、交流的学习情境中掌握学习的方法，收获"渔"——抓关键语句体会作者的表达方法。）

四、合作探究猫的古怪及人猫相亲（微笑研学）

（一）小组合作学习任务单

1. 小组有感情地读2～3自然段。

2. 思考：猫的古怪还体现在哪些方面？

3. 从哪些词句可以感受到老舍先生对猫的喜爱？

（二）小组讨论后汇报

师：请你们先读一读这两段，可以吗？

师：第二个问题谁来回答？

师：能不能试着抓抓关键词？请你们小组成员来补充。

师：关于猫的古怪还体现在哪些方面？还有没有别的小组要补充的？

归纳板书：高兴时温柔可亲

　　　　　不高兴时一声不出

　　　　　胆小、勇猛

师：第三个问题，从哪些词句可以感受到老舍对猫的喜爱呢？哪个小组对这个问题已经有了答案？

生汇报。

预设一：用身子蹭你的腿，把脖子伸出来让你给它抓痒。

师：这里有一个词"蹭"。谁来跟老师合作，来蹭蹭谢老师。"蹭"就是轻轻地摩擦，从"蹭"这个动作你体会到什么？它可能在跟老舍先生说些什么呢？（这一蹭，蹭出了猫的撒娇。它可能在说：主人啊，我好想你啊！主人啊，你就陪我玩一会儿吧……从中我们深深感受到老舍先生很爱猫，猫也很爱老舍先生。）

师：平时让谁给你抓痒？体会到什么？（亲近的人，不难看出，猫把老舍先生当成亲人。老舍先生把猫当成了儿子。真是亲如一家人呀。）你们小组还有要补充的吗？别的小组可以帮忙补充。

（设计意图：在学生合作交流汇报的基础上，引导学生联系生活，体验"蹭""抓痒"这几个关键词里蕴含的情感。补充、丰富对关键词句的理解和感悟，让学生走入文本，与作者产生情感共鸣。以情促智、情智互促。学生们在不知不觉中就有所收获。）

预设二：或是在你写作的时候，跳上桌来，在稿纸上踩印"几朵小梅花"。

师：这几朵小梅花指的是什么？你怎么看出老舍先生喜欢它？老舍先生是个大作家，经常要伏案写作，这猫都跳上桌、跑到稿纸上来捣乱了，不是挺讨厌的吗？为什么作者却觉得它温柔可亲呢？你们小组还有补充的吗？

预设三：它还会丰富多腔地叫唤，长短不同、粗细各异、变化多端。

师："丰富多腔"是什么意思？我们知道腔是指乐曲的调子。在这里是指猫的叫声。这是作者一天两天能够观察到的吗？这叫声背后肯定有有趣的故事，让我们一起来想象……

它吃得饱饱的，会满足地长叫一声。

碰到一只老鼠，它会凶猛地大叫一声。

当主人给它抓痒的时候，它会享受地细叫一声。

师：这就是丰富多腔。老舍先生觉得猫的叫声好像唱歌一样动听。当他写作累了的时候，听听猫的叫声一定觉得是一种享受吧。

师（总结）：这只猫贪玩，又怎么会尽职？胆小又怎么会勇猛呢？真是古怪呀！谁能把这些关键词串成一句话，说说这是一只怎样的猫？

（学生回答，教师总结："既老实又贪玩，既贪玩又尽职；高兴时温柔可亲，不高兴时一声不出；既胆小又勇猛。"）

师：抓住了这些关键词，这只猫的古怪性格就清晰地展现在我们面前了。

今天，我们见识了老舍先生家的猫的古怪，深深感受到了老舍先生对猫的喜爱之情。难怪他能把猫写得这么活灵活现、跃然纸上。下节课我们再继续了解它的淘气。

（设计意图：设置小组合作探究学习模式，通过研读课文和对深层问题的合作探究，达到对文本的深层理解。在合作学习环节，大家配合得不错。在小组长的带领下，生生互动，组员们一起合作、一起解疑、一同感

受成功。在老师的引导下，师生互动、学生模拟猫的各种叫声，学生始终在轻松、愉快、和谐的课堂氛围中通过阅读收获"渔"，主动感受学习的"愉"。）

五、扩展阅读，学习从不同角度描写事物的方法

1. 还有几个作家也写过猫，快速默读课后链接，看看他们是从哪些角度来写猫的。画出自己喜欢的句子。

（从外形和神态写猫，表达了作者对猫的喜爱。）

2. 第二个片段难度稍微高一点，快速默读，看作者又是从哪个角度来写猫的？

（从外形+侧面描写来写猫。）

（设计意图：学完1～3段，引导学生充分阅读，体会猫的特点，感受动物的可爱，之后我结合课后的阅读链接，有效引导学生快速拓展阅读，体会不同作家从不同的角度写相同的动物的个性特点。）

六、语用模仿，微笑活学

今天我们也来学习大作家写一个小练笔：围绕中心句写一段描写小动物的话。（任选一题）

1. 小猫真可爱。

2. 小乌龟特别胆小。

3. 小狗和我特别亲。

4. 小白兔长得真漂亮。

（设计意图：为了让学生把学习和实践有机结合起来，拓宽学生的视野，同时培养学生的观察力，锻炼学生的表达能力，特设计"微笑活学"环节。让学生运用本文收获的写法"围绕中心句"写一段描写小动物的特点的这种"渔"，有了前文的铺垫，学生对于仿写也乐意接受，在轻松愉快中学习写作。）

板书：老实　贪玩　尽职

古怪　高兴时　温柔可亲

　　不高兴时　一声不出

　　　淘气

微笑课程行动指南

一、理念

让孩子们微笑每一天。

教师通过开发丰富的课程，以高尚的人格魅力和教育艺术感染学生，用发自心底的爱去滋润学生的心田，点燃学生学习的欲望，使他们在充满师爱的激励中经常保持满足、快乐、积极、稳定的情绪，发展潜能，情智并举，建立积极的人生观、世界观，始终笑迎生活、笑对生命，自信地走好人生的每一步。

二、工作目标

1. 构建"微笑课程"体系，有一套编排科学合理的校本教材。

2. 建设"微笑课程"基地，进行"微笑课程"实施，转变传统"纸中学"教育模式，在"学中做""做中学"的螺旋过程中生成"微笑课程"实施方式。

3. 建设"微笑社团课程"，并在社区产生一定影响，促进"微笑校园文化"的形成。

4. 制定"微笑"雏鹰奖章，形成体现学生发展过程即时性、多元化评价体系。

三、具体措施

1. 建立"微笑课程"体系。在原有课程的基础上逐步开发"微笑课程"，建设各类基础型学科拓展方案，形成"科学世界的教育"与"生活世界的教育"一体化运行的"微笑课程"体系。

2. 在建立"微笑课程"基地的基础上，进一步完善"课程设置"与"课程基地"之间的设计、实施与运作。

3. 形成"微笑课程"实施方式，打破传统的"纸中学"教育模式，让学生在"微笑梦想"的引领下，在"微笑课程"基地的实践中，在"学中做""做中学"的螺旋过程中生成"微笑课程"实施方式。

4. 组建"微笑社团课程"。让社团活动成为更多学生了解社会、服务社会、进行自我素质拓展的重要舞台，成为"微笑课程"一道流光溢彩的风景线。

5. 打造"微笑"雏鹰奖章。打造"微笑"雏鹰奖章，即时关注学生成长过程的激励，形成"微笑课程"下学生多元化的评价体系。建立保障制度：一是管理网络运行自动化；二是完善激励导向机制，建立体现创新导向的教师工作考评机制。

6. 严格按照《中小学生国家体质健康标准》要求完成体育教学工作；认真落实每天锻炼一小时的计划，抓好课间操的运动强度，保质保量做两操。

7. 有序开展学生的日常体育活动，积极参加市级各项竞赛。

8. 抓好卫生工作。抓好卫生人员队伍建设，定期组织培训，提高卫生工作人员的素质；加强卫生制度的建设，使卫生工作达到制度化、规范化；抓好卫生宣传工作，建立卫生工作宣传栏，定期向师生宣传疾病、传染病的预防和救助知识；按照规定定期给师生检查身体，保证师生的身体健康；完善学校的卫生工作。

9. 每学年定期开展艺术节、科技节、体育节、读书节、英语节、数学节等文体活动，打造节日课程，形成学校节日文化，促进学生全面发展。

四、推进计划

第一阶段：

制订"微笑课程"建设方案。组织各科组学习"微笑教育"理念，统一思想，提高认识，在原有的"微笑课程"草案的基础上进一步发展。各学科组织讨论，制定本学科的"微笑课程"实施方案（教学处制定"微笑课程"内容安排，指导各科组参照开发本科组的"微笑课程"）。

1. 认真落实每天锻炼一小时的计划，抓好课间操运动强度，保质保量做两操。有序开展学生的日常体育活动，积极参加市级各项竞赛。

2. 制订每学年开展艺术节、科技节、体育节、读书节等计划，通过开展各种文体活动，促进学生全面发展。

3. 抓好卫生工作。抓好卫生人员队伍的建设，定期组织培训。

4. 创建"微笑劳动社团"，有较强活动能力。

第二阶段：

"微笑课程"进入教学。学校课程表、教学计划中体现"微笑课程"的时间和内容。各学科在试用的过程中对"微笑课程"的设置进行修改和补充，形成稳定的可操作的课程内容。已确定的课程开始着手组织编写课程说明等文字性材料。根据"微笑课程"的需要，建设课程基地。制定和试行

"微笑"雏鹰奖章评定方法。

1. 让"微笑劳动社团"在社区产生一定影响，促进"微笑校园文化"的形成。

2. 提高卫生工作人员的素质。加强制度建设，使卫生工作实现制度化、规范化，抓好卫生宣传工作，建立卫生工作宣传栏，定期向师生宣传疾病、传染病的预防和救助知识。

3. 筹划并与相关单位建设"微笑课程"基地。

第三阶段：

在试用、修订、改编的基础上，组织人力编撰"微笑课程"校本教材（包括其他有关文字材料）。

1. 有一套编排科学合理的体卫艺科校本教材，构建"微笑课程"体系。

2. 打造"微笑"雏鹰奖章，形成体现学生发展过程即时性、多元化的评价体系。

3. 按照规定定期给师生检查身体，保障师生的身体健康；完善学校的卫生工作。

五、标志性成果

（1）形成"微笑课程"规划。

（2）开发"微笑课程"校本教材。

（3）建设"微笑课程基地"。

（4）组建"微笑社团"。

（5）设置"微笑"雏鹰奖章。

六、"微笑课程"建设规划

组织各学科教师分别学习"微笑课程"理念，并参照以下内容设置"微笑课程"，确定课程名称和内容。

基础课程：现行的国家课程，面对全体学生，强调知识的系统性、基础性、科学性，以普及全面的文化教育为目标。

拓展课程：面对全体学生，从基础课程发展而来，是基础课程的补充和发展，以拓展学生的知识面、全面发展学生的学习能力为目标。

特色课程：进一步发展学生在学科或其他方面的能力和表现力，使学校课程有特色，学生个性化的特点比较突出。特色课程在拓展课程的基础上进

一步发展，以学生能力突出、具备个人的学习特色为目标。

活动课程：与基础课程、拓展课程、特色课程相配合，互为补充，作为学生与外面的世界互动的指导。

七、学科拓展课程开发设想

语文课程：诵读经典课程、课外阅读活动课程、习作课程。

数学课程：小学平面几何拓展课程、小学计算、巧算拓展课程。

英语课程：英语写作课程、英语周（口语）课程。

科学课程：校园动植课程、科学小星星课程。

艺术课程：乐器与歌唱课程、版画课程、手工课程。

体育课程：羽毛球课程、乒乓球课程。

八、特色课程开发设想

艺术课程：民乐训练课程、合唱训练课程、舞蹈训练课程、色彩与绘画课程、篆刻课程。

数学课程：奥林匹克数学课程。

体育课程：专项训练课程。

节日课程：校定节日课程、传统节日课程、公众节日课程。

例1：

寒假探究性课程

亲爱的同学们：

大家好！今冬的阳光，格外明媚，想推开窗，让温暖走进来，与我撞个满怀才好。自由呼吸，尽情高歌，寒假，真好！寒假即将到来，我们暂时分开一段时间，你们让老师多了一份牵挂，为了让你们拥有一个愉快而有意义的寒假，度过一个文明、祥和、欢乐的春节，学校在这里要给你们一些温馨提示哟！

一、经典阅读——润泽多彩童年

"读一本好书，就是和许多高尚的人在谈话"，希望同学们能积极做到以下几个方面。

1. 每天早晨用一刻钟时间诵读美文。

每天上下午的读书时间不少于半小时。

对自己的书籍进行一次整理，分门别类地放在书架上或书橱里。

到图书馆或书城泡上两个半天。

2.积极参加"萝岗区中小学生寒假系列读书活动"之"体验让我快乐"——图书馆"义务小馆员"活动，于2015年1月31日—2月20日自行前往青年路区图书馆报名参加。活动结束后，个人写出参加本次活动的总结及感想，由区图书馆负责人向表现优秀的小馆员颁发奖品及纪念证书。

二、实践体验——培养动手能力

寒假是学生参加社会实践活动的好时机，学校倡议同学们走进生活，学会生活，走进社区，了解社会。学校倡议全体学生在家里做一件让长辈开心的事，走进社区了解社区情况，积极参加社区集体公益活动，为社区做一件好事。低年级学生学会整理自己的房间；中年级学生学会做饭、帮家长做家务；高年级学生学会做一道家常菜并在全家齐聚的"团年饭"上，端上自己亲手做的菜肴，和家人一起分享并拍下照片。

三、快乐锻炼——促进健康成长

学校倡议全体学生假期每天锻炼一小时，如低年级跳绳、骑车，中年级打球、滑冰，高年级仰卧起坐、俯卧撑等；倡议全体学生在寒假期间积极参加各种文娱活动，发展个性，培养特长。希望在学校的各种舞台上能看到同学们更多活跃的身影。

四、亲情教育——学会感恩，懂得感恩

学会感恩，懂得感恩是一个人最重要的道德品质。寒假是传递这份亲情的大好时机，也是培养学生良好道德品质的好窗口。希望学生做到"五个一"：向长辈拜一次年，对长辈说一句感谢的话，给老师发一条祝福的短信，帮长辈彻底打扫一次家庭卫生，阅读一篇孝敬长辈的文章或故事。

五、节日教育——探究年文化活动

过年，是中华民族最隆重、盛大的传统节日，也是每一个华夏儿女最期盼的日子。过年了，全家团聚是每一个家庭最幸福的时刻。在中国人的眼里，年所承载的东西太多太多。在上千年的岁月中，人们又为年加上了许多有地域特色的风俗习惯，使年文化变得越来越丰富。

为了让我们传统的优秀文化得到进一步传承，使学生不仅爱过年，更了解年，我校开展了寒假系列实践活动，家长安排合适的时间陪孩子出去走一

走、看一看、问一问，寻找身边的年味儿；学生和家长一起策划办年货、写春联、拜年等，从中感悟年的魅力，并记下来、画出来、录下来、拍下来。

学校倡议学生尽量全面收集相关节日的材料，如小年、除夕、春节、元宵节等的来历，以及相关的历史典故、风俗习惯、文明礼仪、饮食特色等。学生要参与办年货、扫尘、贴春联、拜祖等。

此外，同学们创作或者挑选一副喜欢的对联，说明喜欢的原因，并能介绍其寓意，还要了解贴春联这一习俗的相关历史典故。

同学们还可以当一回小管家，将家中购买的物品名称、数量、价格（单价、总价）、用途等进行记录，然后制作一个统计图，比较分析一下最大的开支是哪一类，这些年货与春节的习俗有什么关系等。

开学后，我们比一比，看谁感悟的年文化最多、最全面。

多彩的寒假生活，快乐的作业。学校希望每个孩子都能度过一个有意义、有收获、快乐的寒假，也希望每个孩子都能在校园这片沃土上找到属于自己的天地，培养自己的兴趣爱好，发展自己的潜在能力，快乐学习，快乐成长。

祝同学们度过一个快乐、轻松而又充实、难忘的假期！

广州开发区第二小学教学处

2015年1月28日

探究年文化寒假活动作业一览表（3月1日带回校）

内容		作业呈现
必做作业一	收集春节对联、窗花、门神、中国结、红灯笼、对联、大红"福"字等素材，并分类加以整理	动手剪窗花、制作红灯笼、画门神、制作大红"福"字、创意鞭炮、自己写对联等。（任选一项） （开学带回校并上交）学校将会选择优秀作品展示，并评奖
必做作业二	一年级	画一幅有关年的儿童画 （一张A4纸，图文并茂）
	二年级	画一幅有关年的儿童画 （一张A4纸，图文并茂）
	三年级	制作一张年的创意贺卡 （语文书大小，精致、有创意）

内容		作业呈现
必做作业二	四年级	1.拍摄一张关于年的摄影作品，配上几句心得。照片及心得一起发电子版给班主任。 2.挑选一幅喜欢的对联，说明喜欢的原因，并能介绍其寓意 （用稿纸写）
	五年级	收集有关年与元宵的来历、风俗习惯等资料，编成手抄报。手抄报规格为8开图画纸（2张A4纸大小），单面对开
	六年级	围绕年文化，写一篇优秀习作。题材自定
选做作业		1.调查人们拜年的习俗，收集拜年的吉祥用语，给大家展示精彩的对联，送上对大家新年诚挚的祝福
		2.学唱一首新年歌曲或庆元宵歌

温馨提醒：

1. 根据广州市校历规定，小学今年放假自2015年1月31日起至2月28日止。学生于2015年3月1日上午8：30回校注册，下午放假在家自习（因教师参加区教材分析），2015年3月2日正式开学，带齐学习用品参加开学典礼并按照课程表正式上课。

2. 3月1日回校时，请带齐以下物品回校：书包、文具、《成长记录册》、语数英所有作业本、《阅读记录表》、大队部要求上交的作品等。

微笑家长行动指南

一、理念

用微笑去包容孩子，理解老师。

家长的微笑是爱，这爱是博大精深的，是不拘小节的。家长的爱，在孩子犯错误时，给予正确的指导；家长的爱，在孩子遇到难题时，给予正确的教导……家长对孩子的爱，如天降甘霖，沛然而莫之能御。这爱是维护生命之最大、最古老、最原始、最伟大、最美妙的力量。

家长的微笑是鼓励。苏霍姆林斯基说，家长的鼓励能激发起孩子对周围的世界，对人所创造的一切的关心，激发起他为人民服务的热情。

家长的微笑是黏合剂，能让亲子关系和谐、融洽，能让家庭和睦、万事

兴。和睦的家庭氛围是世界上的一种花朵，没有东西比它更温柔，没有东西比它更适宜于把一家人的天性培养得坚强、正直。

家长的微笑是支持。配合教师的教学活动，主动与教师交流沟通，提出合理化建议，参与学校组织的家长会及各项活动，有计划地带领孩子参加各种实践活动，从小培养孩子探索的兴趣，让孩子健康活泼的成长。

著名心理专家郝滨老师曾说过："家庭教育是人生整个教育的基础和起点。"确实，家庭教育是对人的一生影响最深的一种教育，它直接或者间接地影响着一个人人生目标的实现。好家长胜过好老师。

因此，家长不仅要拥有正确的教育观念，关心孩子的成长，对孩子的期望值切合实际，还应该学会用微笑感动家人，学会沟通；用微笑教育孩子，感染孩子；用微笑与老师交流，家校携手，共育新人。

二、目标

提升家长心理素质，树立家校共育观念，提高家长教子水平。

1. 家长心理素质目标

（1）关爱孩子。孩子们需要微笑，他们心地单纯，就像晶莹剔透的美玉。他们喜欢笑，也希望周围的人给他们以微笑。在他们的世界里，微笑就是阳光和雨露，是人体中不可或缺的营养。

微笑往往可以消除亲子间的争执、冲突、愤怒等不良的情绪，拉近父母和孩子之间的距离，使亲子关系更融洽，使孩子更喜欢你。你的孩子能够从你的微笑中感到你的真诚和鼓励，其效果比单纯的语言要好得多。所以面对孩子时，不论你如何疲劳，心中如何困苦，都要展开你真诚的笑容，并且教孩子学会微笑，以此来培养孩子健康的心理和健全的人格。

（2）友爱他人。微笑具有神奇的魔力，能够化解人与人之间的坚冰；微笑也是人们身心健康和家庭幸福的标志。这是因为微笑表现着自己友善、谦恭、渴望友谊的美好的感情因素，是向他人发射出的理解、宽容、信任的信号。微笑是交际活动中最富有吸引力、最有价值的面部表情。

（3）体贴老师。家长和老师应是同事关系，也许在社会角色、专业知识、性格特征、气质修养等方面都不太一样，但有一点是共同的，那就是有着共同的使命——教育，而且教育对象完全一致：孩子。体贴老师，要微笑面对老师，理解老师，支持老师。微笑来自爱心、来自真诚。教育不能没有微笑，家长们懂得了微笑的重要性后，还必须认真学习微笑，正确使用微笑，把微笑作为一种能力来配合老师，培养孩子。

（4）快乐自己。无论你在什么地方，无论你在做什么，在人与人之间，简单的一个微笑都是一种最为普遍的语言，它能够消除人与人之间的隔阂。人与人之间的最短距离是一个可以分享的微笑，即使是你一个人微笑，也可以使你和自己的心灵进行交流和抚慰。微笑是最动人的语言、最真诚的问候。当我们对陌生人微笑的时候，不仅把温暖给了别人，也将快乐留给了自己。

2. 家长观念更新目标

（1）家长是孩子的第一任老师，也是伴随孩子终身的老师，应随时注意自己的一言一行，尽可能从人格上成为孩子的榜样，以无声的形象去感染孩子的心灵，以微笑的面容去陪伴孩子。

（2）家长要以教育者的眼光，而不仅仅是父母的眼光去打量孩子，细心研究孩子每一天的细小变化，并和孩子一起成长。尊重孩子的精神世界，按照孩子的个性引导其成长，最终使其成为最好的而又独一无二的"我"。

（3）家长在孩子面前的角色，是朋友而不是师长，是同伴而不是长官，是参谋而不是皇帝。家庭教育是一个春风化雨的过程，要耐心、细心、有智慧；家庭教育的核心是培养孩子首先成人，然后成才，最后成功。

（4）家长要全力以赴地支持学校教育改革和老师的工作，把学校教育工作也当作自己应该关心甚至有时还可以直接参与的分内事情。家庭教育要和学校教育、社会教育并驾齐驱，方能"厉害了，我的孩子"。

3. 家长育儿能力目标

（1）做孩子喜爱、敬佩的父母。时代在变化，当数字化、网络化、全球化这些新名词、新概念铺天盖地之时，家长需懂点儿电脑，化点儿淡妆；少一点儿说教，多露出一点儿微笑；学点儿新知识，变个新形象，有气质，增颜值。

（2）用孩子易于接受的家教。家长的激励要及时，肯定的时间越早，效果越好，在孩子有体验的时候强化他对被赏识的记忆和感受。表扬要具体，要说符合孩子心理的话，让孩子明白为什么受表扬。语态要因人施教：孩子性格外向，恰当赏识，以防滋长骄傲和虚荣；孩子内向，了解孩子兴趣，夸张奖励孩子希望得到的，激发孩子自信心。

（3）挖掘孩子的智力潜能。家长要强化孩子的观察力、认知力：把孩子带进大自然，让他开阔视野、博览多闻，接触感性事物，激发观察兴趣，锻炼感官功能。帮助孩子确定观察对象：看到什么？听到什么？想到什么？长此以往，孩子就会留心周围的事物，做生活的有心人。培养孩子良好的观察习惯：走出去，或是创造观察的有利条件，把看到的、听到的、想到的写成日记，锻炼孩子的表达能力和写作能力；培养孩子的记忆力，发展孩子的想象力、思维能力。

（4）给孩子一片成长的天空。家长要学会给孩子以梦想，让孩子在无数个梦想中，充分发挥想象力和创造力；培养孩子有骨气、有尊严，孩子的心灵成长需要自尊自强，育人先育德，良好的行为习惯的培养，是品德培育的基础；给孩子以包容，包容他人让孩子不回避错误又能善解人意，包容自己是给自己一个自省的机会，拥有健康的心态和面对挫折与失败时积极的人生态度；给孩子磨难，磨难让孩子经得起环境的考验，锻炼出一颗坚强的内心。

三、主要内容与措施

1. 开展家长培训活动，提高家长育儿水平

（1）开展"十大美语、十大忌语"征集活动。在家长、学生、教师中征集二小家长"十大美语"和"十大忌语"，提倡家长多用美语，杜绝忌语。

（2）开展家长培训讲座，让家长学习教育法律法规，提高家长的道德修养，培养家长智慧育儿的意识。

（3）开展"微笑家长"评选活动，弘扬优秀家长的品德，带动和影响其他家长。

2. 开展家校教研活动，提高家校教育合力

（1）办好家长学校。父母好好学习，孩子天天向上，充分依托《父母课堂》《孩子长大不容易》《把孩子培养成财富》《做最好的家长》等学习读本，开展家长读书系列活动，每学期学校向家长推荐读书书目，鼓励家长读教育名著，写读书笔记、教育反思、随笔等。拓展家长学习平台，让家长认识到在对孩子的教育中，双方承担着共同的责任。父亲和母亲发挥各自所长，共同教育孩子，实现优势互补，利于孩子全面发展。

（2）开好家长会议。家长会是老师和家长相互交流学生情况，家长和

老师进行即时沟通以便及时调整工作，共同寻找最佳教育方法和途径的有效渠道。家长会不能简单地开成向学生家长汇报孩子的情况和成绩的会，而是要针对学生家长在孩子教育方面存在的新问题和困惑进行交流和指导，同时把学校及个人的教育理念和方法，介绍给家长和学生，让他们对先进的教育理念有进一步的了解，让学校和家庭结合起来，形成相互协作、家校合力的局面，从而共同寻找最佳教育方法，达到育人的目的。让每年不一样的家长会，迎来微笑的家长，送走喜悦的父母。比如，特色学法进校园—护航家长要表彰—年级特色来展示—班级个性交流少不了等环节。

（3）组织亲子活动。亲子活动，顾名思义，就是由家长和孩子共同参与、相互合作进行的一系列活动。帮助家长建立主人翁意识，激发家长积极合作的态度。它有利于增进家长和孩子之间的情感交流，有利于孩子身心的健康成长，有利于激发孩子的内在潜能。亲子活动现代健康理念已将健康的概念拓展到生理、心理及社会适应能力三方面，寓教于乐，寓知识于游戏中，同时开发孩子的智力，提高其动手能力、反应力、创造力，使孩子能在德、智、体、美、劳各方面得到全面发展。

（4）用好家长资源。挖掘家长资源，促进家校共育。家长作为一种隐性的教育资源，具有丰富性和可再生性。立足学校教育实际，通过家长资源档案库的建设，吸收家长参与学校课程建设，引导家长参与学生社会实践等。一是建立家长资源档案，丰富教育资源储备，满足教育教学所需。二是开放亲子教育课堂，推进学校课程建设。家长具有专业性强、类型多样的特点，他们的积极参与有助于构建学校内部与外部交错相连的课程资源开发网络，凸显课程资源开发的整体效应和优势。学生家长可以助教、家长辅导员、活动指导者、信息提供者等多种角色介入学校教育。三是搭建德育实践基地，弥补社会教育缺失。学校充分利用家长资源，建设一系列德育实践基地，有针对性地引导其参与社区服务、参加各种有益的社会实践活动，进而拓宽视野，增长见识，丰富精神生活。学校采用家长引荐申报基地，学校审核的方法，共同规划社会实践基地，并对其进行分类，如自然风光、民俗文化、爱国法制、地方支柱产业等，制订出德育实践体验及社区服务体验方案，并邀请家长担任实践基地的辅导员，负责活动的组织与协调。学生家长以活动组织者、指导者、场地介绍者等多种角色介入到学生社会实践中。

　　总之，立足学生家长资源，以学校为主导、以家长为主体的资源开发模式充分调动了家长参与教育工作的主动性，更好地达成了家校教育的共识，丰富了学校资源储备，推进了学校课程建设，促进了学校、家庭、社会三位一体教育体系的创建，架起了学校与家庭、教师与家长、家长与孩子之间沟通的桥梁，形成家校合力，为孩子的幸福人生奠基。

　　3.加强家长梯队建设，打造优良的家委团队

　　努力建设一支品德高尚、业务精良、结构合理，具有先进的教育理念和创新精神的家委队伍，鼓励家长成才、成名、成家。

　　（1）打造校级微笑家委团队。本校现拥有32位家委，他们有爱心、有责任心、有能力、有余力。学校为他们提供更多的学习机会、参与机会，也对他们提出更高的要求，同时带动班内家长的育儿专业成长。对校级家委的具体要求是：每学年在家长会上做一次育儿经验交流分享，有自己帮扶的薄弱家长（或年轻家长），定期开展帮扶，并善于总结反思，形成文字资料。

　　（2）加强年轻家长的培养。现在的家长越来越年轻，育儿经验不足，但精力充沛，学习能力强。通过邀请专家、教授、有经验的家委系统长期地传授生理学、心理学、家庭教育原则和方法等专业知识，让年轻家长借鉴学习，摸索成长。

　　（3）加强薄弱家长的培养。因年龄、学历、家庭背景等因素，目前存在少数薄弱家长，教育观念落后，教育能力浅显，教育方法不当等。学校将采用帮带的办法，走进他们的家庭，使他们尽快接受新的育儿方法，掌握"微笑家长"的理念，较好地完成育儿任务。

　　四、标志性成果

　　1.家长家庭教育优秀论文、叙事故事、心得体会集。

　　2.家长十大美语和忌语及"微笑家长"事迹汇编。

　　3.家长育儿讲座实录。

　　4.亲子游学拓展活动集。

　　5.家长资源活动库。

　　五、推进计划

　　第一阶段：

　　1.组织家长学习学校发展规划，并要求家长根据学校规划制订自己的发

展规划。

2.征集二小美语和恶语，开展"微笑家长"评选活动。

3.开展校内外各种形式的培训活动。

4.开展亲子读书系列活动。

5.按计划开展家长培养、论文比赛、课题研究等工作。

第二阶段：

1.家长对个人的成长计划进行自我诊断、调整和修改。

2.继续开展校内外各种形式的培训活动。

3.按计划开展家长培养、论文比赛、课题研究等工作。

4.开展"讲师家长""微笑家长""优秀家委"讲坛活动。

5.总结回顾，整理收集，汇编经验。

微笑社区行动方案

一、理念

巧用社区资源，携手二小教育，共孕微笑学子。

著名教育家陶行知先生提出"生活即教育""社会即学校""教学做合一"的教育思想。学生是一个个活生生的个体，他们既生活在学校里，也生活在社会中，因此，学生思想道德品质的形成和发展无时无刻不在接受着社会、学校、家庭的影响。纷繁复杂的社会现象，社会生活的真伪、美丑、善恶都在积极或者消极地影响着小学生良好的思想品德、生活方式、人生价值的形成和发展。

学校本身存在于社区之中，学校的教育不能脱离社区而存在。发挥学校的特色，扬长避短地利用好社区资源，提高教育的实用性、生活性，实现学校社区化、社区学校化的理想，不仅有助于学生个体经验的形成，提高学科课程的达成度，提高育人质量，提高学生对社会的适应性，而且还改变了传统的学习观念，使社区成为继续教育、终身教育的基地。

二、目标

1.给学校提供各种资源支持

资源问题是制约学校发展的重要因素，学校的发展必须争取周边社区的资源。社区内的一些公共设施等都可以成为学校发展的重要资源，成为学校

资源的有力补充；社区内的机构、事业单位、企业单位可以提供实际参访或者相关资料的服务；来自各行各业的家长或者社区居民，可以是教师配合教学邀请来现身说法的资源，或者是学校管理咨询的对象。

社区自身的文化资源和人才资源，将成为学校强大的资源后盾。

2. 给学生提供有意义的社会实践场所

良好的社区资源为学校发展提供了助力，学校也可以反作用于社区，组织老师和学生，成立宣传组、帮困组、艺演组，开展社会小义工、小志愿者服务，把"参与、友爱、互助、进步"的精神传播到校外，影响周边的社区。

学生利用课余时间参与社会实践活动，不仅可以扩大自己的生活圈子，亲身体验社会的人和事，加深对社会的认识，还可以在活动中学习新知识、增强自信心，培养自己的组织能力、领导能力及与人相处的能力，尽一份公民的责任和义务，培养自己的社会责任感，这对自身的成长和提高十分有益。

三、主要内容与措施

我校所属的社区周边有着一个巨大的教育资源库。就物而言，有医院、公园、公安局、税务局、消防中心、文化馆、体育场、图书馆、敬老院等，还有众多优质企业汇集而成的工业园区；就人而言，社区内不仅有众多的热心于教育的仁人志士和热切关注学校教育的家长，而且还有许多有技术的能工巧匠、先进模范、知名人士。

1. 请进来

我校注重社区内人力资源的利用，组建并优化社区教育骨干队伍。期待他们在学校的教育中大放光彩。

学校每年定期邀请司法、公安、交警、环保、税务等有关职能部门的负责同志和在各行各业中做出突出贡献的劳动模范、优秀党员、专业技术人员来学校做专题报告，给学生讲述他们行业的故事和事故，用自己的经验或知识，从专业的角度，给学生很实用的建议，告诉学生遇到特定事情时正确的处理方法，拓展了学校书本教育的内容。比如，法制讲座、安全讲座、禁毒讲座、消防讲座等。他们深入浅出的讲解、典型的案例、幽默的语言，让学生听得如痴如醉，获得了学生热烈的掌声。

对于人才培养和教育而言，讲座是不可忽视的培养和塑造手段。丰富多彩的讲座不仅丰富了校园文化，还拓宽了学生的眼界，让他们更深刻地了解各行业的相关知识，掌握实际处理事情的能力。

2. 走出去

我校每学期组织学生走进周边社区的企业、走进事业单位，真实的环境，让学生对不同单位、不同行业的整体运作有直接的认识，了解不同企业的经营理念、企业生产制造环节及销售环节等主要经营环节的过程，了解不同事业单位的机制、工作内容、工作程序、工作意义。

学校每年都分批组织学生去消防中队观看火灾现场视频、观看消防员设备、消防车、了解消防员出警程序，在黑暗而又浓烟滚滚的小道进行火灾现场模拟逃生活动，在大厅模拟消防员救火、绑逃生绳索，了解火灾带给人们惨痛的伤害，学习火灾中自救的行为和方法。

学校利用假期、课余时间，组织学生去冰激凌厂、自来水公司、污水处理厂、税务局等单位进行参观，零距离参观他们的工作环境，了解他们的工作程序和职责，汲取工人、农民、科技工作者、机关干部身上的优良品质和敬业、创业精神。

参观活动给学生上了一堂堂直观而深刻的课，既丰富了学生的社会经验，又将学校和社会的各类教育资源进行了整合融通，让学生从封闭的小校园走向没有围墙的社会大校园，拓展了学生的学习空间。

3. 挖掘社区资源，开展乡土教育

每个学校都有自己独特的地理位置，学校周围的地理环境也各不相同。

我校位于广州市，长期以来，社区居民积淀了许多具有广府文化气息的优良传统文化，包括独特的地理环境、风土人情，以及当前存在的各类有教育意义的事物。学校可以和社区联合进行挖掘整理，对学生进行"爱家乡，爱社区"的教育。

"一方水土养一方人"，一个人的成长，与他所处的环境、所接受的文化有着密切的关系。这种人文地理资源可以作为学校综合实践课程的素材，这种本土文化能够对学生产生积极的影响，使学生了解、热爱自己的家乡，从而使地方文化一代一代地继承和发扬下去。

4.积极开展社区义工活动

学校以"立足家校、服务社区、传播文明"为目的，倡导"参与、友爱、互助、进步"的义工精神，本着志愿、无偿、奉献、服务的宗旨，开展社区公益活动、爱心互助活动、社区服务活动等各种有益于社会、有益于家庭、有益于学校、有益于学生的活动。

在普晖社区的大力配合下，我校大队部多次组织学生进行义演、义卖、慰问社区孤寡老人等活动，走进社区弱势群体，把关心、爱护送到社区需要帮助的成员身边。

学生在服务他人、服务社会的同时，不仅借助社交平台和互相帮助的机会，加强了人与人之间的交往及关怀，增强了自己的人际交往能力，提高了自我，发展了自我，也将这种传递爱心、传播温暖的正能量从一个人身上传到了另一个人身上，这些最终会汇聚成一股强大的社会暖流。

总之，学校教育和社区工作各具优势和资源，学校与社区资源的整合使学校与社区关系更加和谐，联系更加紧密。学校社区相互依靠、双向服务，扩大了校外课程资源，让学生走向社会、接触社会、认识社会、反馈社会、融入社会，让社会成为教育的大课堂，真正实现教育的开放性。

微笑校园行动指南

一、理念

让校园的每个角落都充满微笑。

在我们的理念当中"校园的每个角落"是具有时空观的，除了指在学校范围内具有教育功能的所有区域外，还应赋予时间维度上的意义。这些校园的角落既应是过去历史沉淀的角落，也应是现在文化创造的角落，更应是未来愿景实现的角落。在这些角落中绽放的微笑将会是最灿烂、最诚挚和最富有内涵的。当我们在塑造校园的显性环境时，我们应当注重它们的安全性、实用性、艺术性和教育性，让师生在看到它们时会露出会心的微笑、欣赏的微笑和赞叹的微笑。当我们在营造校园里的人文环境时，我们需要体现民主、平等、关怀与大爱，使师生在相处时能露出尊重的微笑、理解的微笑及和谐的微笑。

二、目标

以"微笑校园文化理念"为引领，按照高品位、高档次的要求，使学校的办学理念、校园环境、文化设施、师生的精神风貌等都有一个大的提升，使学校文化反映出办学特色和师生的精神风貌，使之成为引领全校师生发展的动力。

三、内容

1. 为扩大"微笑教育"在广大师生、家长及社区中的影响，展示"微笑教育"的优秀成果，要加大对电子大屏幕、电子横幅和宣传栏等多个校园宣传阵地的建设。

2. 通过校园网、校报和大事记等多个校园宣传平台，让广大师生、家长及同行了解学校的动态，知晓"微笑教育"所取得的优良成果。

3. 为了让"学校的每一面墙都说话"，要努力打造"书香校园""生态群落""乒乓球达人"等多个主题校园文化宣传品牌项目。

4. 为提升功能场室效能，要加快推进各功能场室的文化建设，营造浓厚的学科学习氛围。

5. 开展"二小十景"校园文化评比活动，增强二小师生的主人翁意识和幸福感。

6. 在"今天，你微笑了吗？"的理念指导下，开展"个性化班级文化"设计活动，增强班级凝聚力，提升学生集体荣誉感。

7. 完善安全、人事等方面的学校管理制度，切实为广大教职工服务，提高学校管理的效能和水平。

四、标志性成果

1. 评出"二小十景"。

2. 建设多个主题校园文化区域。

3. 完成大部分功能场室的校园文化建设。

4. 完成《学校管理制度汇编》。

五、推进计划

第一阶段：

1. 建设印有老师、学生和家长笑脸的"笑脸墙"，为"微笑教育"在学校的广泛推广营造氛围。

2.建造"微笑书吧""大堂书吧"和"班级书吧",进一步扩大"书香校园"活动的体验区域。

3.进行与图书馆、音乐室等功能场室配套的校园文化建设。

4.加快宽屏电子屏幕与电子横幅进校园的进度。

第二阶段:

1.加建校内外宣传栏,增加宣传教育阵地。

2.推进"乒乓球"主题校园文化建设,营造"乒乓球体育运动"的浓烈氛围,并增强学生"我也可以是明星"的信心。

3.推进"生态群落"主题校园文化建设,营造"动植物生态研究"的浓厚氛围,让校园内出现"人与自然和谐共存"的美景。

4.推进"书香校园"主题校园文化建设,营造"校园处处可读书""校园处处可见书"的浓厚氛围。

第三阶段:

1.举行"校园十景"评选活动,让全体师生对自己的校园更加了解、更加喜爱。

2.举行"个性化班级文化"评选活动,增强各班凝聚力,让各班学生对自己班级更加热爱。

3.加快科学实验室、综合实践室等功能场室的文化建设。

4.加快"羽毛球"主题校园文化的建设,营造浓厚的"羽毛球体育运动"氛围。

5.铺设"星光大道",让本校的小明星熠熠生辉,使全校学生都能具有"自己也能成为大明星"的强大信心。

6.完善学校管理制度,汇编成册。

微笑服务行动指南

一、理念

为师生的可持续发展服务。

可持续发展是社会经济发展中提出的概念,它是指经济发展与人口增长、自然资源的相互协调。我们在教育当中也应遵循可持续发展的原则,学校要竭力为师生的可持续发展提供服务。对于学生,我们要为他们的主动学习、探究学习、合作学习、终身学习搭建平台，其核心就是为培养学生的创新精神和实践能力服务。对于教师，我们会为教师学会学习和学会反思提供平台，为他们创造素质的长久发展而服务。

二、目标

加强财物管理，优化校园资源，加强硬件和安全建设，完善教育教学设施建设，努力改善办学条件，建成一流办学设施。不断提高后勤人员的服务意识和业务素质，使其牢固树立全心全意为师生服务的观念。健全后勤管理制度，不断提高管理能力和成本意识，努力使后勤服务工作更上一个台阶。

三、具体措施

1. 确保学校水电等管线的畅通与安全，勤俭办校。

2. 确保学校正常教育教学活动、各类大型活动的设备配置、环境布置。

3. 严格校产管理，切实保证教育需要，物尽其用；在已有环境的基础上，对校园环境进一步美化。

4. 加强专用教室的使用管理工作，充分发挥专用教室的使用率。

5. 建立健全后勤管理工作制度，如《学校财务管理制度》《学校财产管理制度》《学校内保安工作制度》《实物进出库制度》《物品采购制度》《用车制度》等。

6. 严格规范经费使用，科学合理使用经费。

7. 创和谐后勤、师生满意后勤，树立岗位第一责任人意识。

四、推进计划

第一阶段：

1. 进一步改善校园环境，改善教师办公条件，行政办公室搬家。

2. 整修学校花坛和绿植。

3. 完成二期工程改建，教学辅楼竣工。

4. 关心师生生活，办好食堂。

5. 做好学校的卫生、安全防控工作，保证师生身心健康。

第二阶段：

1. 整改在校园安全工程排查中不符合要求的校舍，美化校园环境。

2. 完成各功能室达标建设。

3. 完成采购计划及设施建设。

4. 完成防滑地面及校园文化建设。

5. 做好防控工作。

第三阶段：

1. 校园整洁、大方、美观、得体，富有浓郁的学校特色，散发淳厚的书香气息，形成"书香校园"和"精致校园"。

2. 加强后勤工作人员培训，搞好校舍建设，坚持勤俭办学方针。

3. 搞好校园环境建设：进一步完善花木管理责任制，加强校园绿化管理，使校园原有的花草苗木更好，同时利用学校现有条件，在花卉栽种方面多做文章，及时进行锄草、浇水、施肥、修剪，建设净化、绿化、美化的校园，创造优美的育人环境。

4. 做好学校的防控工作。

第四阶段：

创和谐后勤，共同提高；完善安全管理制度和措施；加强安全、卫生知识宣传；抓好校园环境卫生管理。

微笑学生行动指南

一、培育理念

"微笑学生"即帮助学生在小学阶段打好基础，在洋溢着喜悦的气氛中学习，使其舒展心灵、发展潜能，情智并举，建立积极的人生观和世界观，始终笑迎生活，笑对生命，自信地走好每一步。

二、工作目标

1. 以"微笑教育"为指引，以质量提升为追求，探索有效的"微笑学生"培养体系。

2. 从品德、学识、体格、才艺、心灵五个方面着手，培养优秀少年，让每个二小学子都养成品性善良、聪慧好学、活力飞扬、才艺多元、阳光自信的金子人格。

3. 学生通过"减负"，学会微笑，从微笑中习得礼仪礼貌，并对身心发展产生积极影响，增强自信，笑对人生。

三、实施途径

1. 充分发挥"微笑课堂"教学主渠道作用。

2.广泛开展德育主题活动。

3.认真开展体艺和健康教育活动。

4.积极开展校园群体文化活动。

5.不断改革、完善评价制度。

四、基本特征

1.综合性与全面性。

2.主导性与合作性。

3.情境性与艺术性。

4.全员性与参与性。

5.思想与行为的统一性。

五、基本策略

在活动中育人，在体验中成长。

六、基本要求

善待每一位学生，发展每一位学生。

七、具体措施

随着教育体制改革的不断深入，对学生的评价方式从过去单一的以分数评价逐步转变为品行、能力、素质的多元评价。近年来，教育部又提出了培养学生的核心素养，对学生的评价更上一个层次。学生发展核心素养，主要是指学生应具备的、能够适应终身发展和社会需要的必备品格和关键能力。根据教育部确立的中国学生六大学生核心素养和我校的育人目标，学校为培养微笑学生制定了以下方案和措施。

（一）德育——品性善良（纯真温厚、真诚待人、乐善好施）

德育，是实现全面发展教育目标的保证，是全面发展教育的重要组成部分。在全面发展教育中，德育是灵魂，起着重要的指导作用。具体措施如下。

1.专业化国旗护卫队和鼓号队，个性化升旗仪式

特邀北京国旗班退役军人为学校国旗护卫队进行集训。每周升旗仪式和礼仪队依次由四至六年级的各个中队承担。升旗手由国旗护卫队成员担任，升旗仪式主持、国旗下讲话、护旗手、礼仪队员等均由各个中队负责，鼓励中队进行个性化展示。此外，学校鼓号队在每周升旗仪式上以整齐的乐声、

饱满的精神登场亮相，展现风采。个性化的升旗仪式创意彰显、风格各异，成为一道独具特色的思想教育的亮丽风景线。

2. 以微笑育人，育微笑之人

全面完善《每月"1+9"微笑之星评比制度》（每班1名校级"微笑之星"+9名班级"微笑之星"）。每月根据不同的节日设立相应的"微笑之星"。校级"微笑之星"展示在校门口大展板上，各中队则着力打造红领巾园地，展示班级"微笑之星"。让校园的每一面墙壁都会微笑，相信榜样的力量是无穷的！

3. 聚焦校本课程，打造特色品牌

（1）《心怀感恩》。羊有跪乳之恩，鸦有反哺之义。作为人类，知恩图报，善莫大焉。感恩教育，势在必行！学校确立了"纯善德育"的理念，把感恩教育、文明礼仪教育定位为德育工作重心。经过几年的探索、研究、总结、提升，形成了自己的德育工作特色。

学校根据家长素质、队员的行为习惯等实际，编写了《心怀感恩》校本教材，每个年级每个学期一节年级少先队活动大课，与每周1课时的少先队活动课携手同行。该教材共三卷，低、中、高年级各一卷。每卷根据学生生理特点、心理特点及学生知识结构的不同分为八个单元，从感恩他人到感恩社会再到感恩自然，循序渐进地对学生进行感恩教育，使他们在成长过程中懂得感恩、学会感恩，从而形成正确的价值观。为了将感恩教育落到实处，一方面每学期分年级确立感恩教育主题，完成年级少先队活动课授课；另一方面通过各级课题、教研，将感恩教育不断引向深入。

（2）《乐乐上学了》。为更有效地开展一年级新生的入学教育，二小特成立新生入学教育校本教材编撰组，编写了《乐乐上学了》校本教材。该教材由"校长寄语""乐乐要知道""乐乐游校园""乐乐懂习惯""乐乐提要求"等板块组成，以故事、儿歌等配上丰富的校园生活图画，寓教于乐，从新生的心理、学习能力、自理能力、交往能力等方面对新生进行教育，意在帮助学生尽快熟悉学校，激发新生向往小学生活，培养学习兴趣、学习能力、学习习惯等，以帮助新生尽快适应小学生活，为今后的学习打下一定的基础。

（3）《乐乐去实践》。中国著名学者、教育家、思想家陶行知先生提出"生活即教育""社会即学校""教学做合一",即教育不能脱离社会。

学校根据学生不同年龄的心理、生理特点,编撰了《乐乐去实践》社会实践系列活动校本教材。教材引导学生跟随学校吉祥物"乐乐"的脚步走出校园,走进工厂,参观现代化场所,走向美丽的社区,走向美丽的大自然……通过一系列的社会实践活动,把学校"微笑教育"的育人理念根植在了学生的心田。

(4)《乐乐爱观察》。教师发掘学校环境资源优势,研发了校园生物观察与探究系列校本教材《乐乐爱观察》(分三年级观昆虫篇、四年级观鸟篇、五年级观植物篇),并纳入课程计划,结合专项训练,开展一系列的观察探究活动,组队参加每年的区级、市级野外观察比赛活动,从而培养学生热爱大自然的情感,使学生学会观察和学习,学会尊重与分享,懂得生命的可贵,懂得与环境和谐相处。

4. 义卖齐参与,"乐乐"献爱心

义卖中接力爱心,奉献中传递温馨。义卖活动中,队员们收获的不仅是自己喜爱的小物品,更重要的是爱心互助、环保意识、理财概念和交流能力,为其今后步入社会提供了宝贵经验。

5. "我们的节日"系列活动

(1)"我们的节日"主题系列活动——传承文化,弘扬美德。开展经典美文诵读、灯笼制作、鞭炮制作、春联创作、书法展示、创意手抄报等活动,组织"温情中秋节""浓情谢师恩""闹元宵,家团圆"及每年一次的探究"年文化"等主题实践活动。

(2)"微笑节日"特色活动——与时俱进,展现自我。学校每年举办的"快乐读书节""趣味数学节""缤纷英语节""创意科技节""活力体育节""多彩艺术节"等已成为学校的特色节日课程。这些节日课程系列化、主题化,鼓励队员主动发现、自主研究、自主创新,成为队员张扬个性的舞台。

6. 安全体验活动

学校巧妙使用健康与安全体验室和夏港街消防安全体验中心这两个基地的资源,合理地利用地方和校本课程的时间,灵活采用"情境式+体验式"的教学模式,全面铺开纳入课程计划的安全体验课程。通过形式多样的安全体验课程，使学生掌握消防、交通、自然灾害、急救互救和卫生健康等多方面的安全知识及逃生技能，全面提升学生的安全防范自护意识。

（二）智育——聪慧好学（智慧质仁、乐学不倦、善思明理）

智育，在全面发展教育中，为其他各育的实施提供了知识技能的准备和智力的支持，是实施其他各育的基础。

具体措施主要通过"微笑课堂"来落实。

（三）体育——活力飞扬（朝气蓬勃、活泼有力、个性张扬）

体育，是一种复杂的社会文化现象，它以身体与智力活动为基本手段，根据人体生长发育、技能形成和机能提高等规律，达到促进学生全面发育、提高身体素质与全面教育水平、增强体质与提高运动能力、改善生活方式与提高生活质量的目标，是一种有意识、有目的、有组织的社会活动。具体措施如下：

1. 学校利用每天大课间和体育课的时间开展体育活动，指导学生锻炼身体，促进学生身体的正常发育和机能的发展，增强体质，提高健康水平，全面发展学生的身体素质和基本活动能力，使学生掌握身体锻炼的基本知识和正确的技能技巧，养成经常锻炼的良好习惯。

2. 定期教授"健康教育"课，使学生掌握卫生保健知识，养成良好的卫生保健习惯。

3. 定期举办运动会，充分给予每个学生挥洒汗水、展示自己的机会。

4. 成立学校专项运动队，邀请专家指导，定时培训，老师跟进，培养学生的特长和集体荣誉感，使其为校争光。

（四）美育——才艺多元（自我提升、多才多艺、全面发展）

美育，是指培养学生认识美、爱好美和创造美的能力的教育，也称美感教育或审美教育，是全面发展教育不可缺少的组成部分。具体措施如下：

1. 鼓励学生积极参加艺术活动。

2. 社团全面开花。

每周的第二课堂——社团课，内容丰富多彩，形式五花八门，学生可根据个人兴趣、特长等自由选择，培养艺术活动的技能和兴趣。

3. 积极为学生创造展示的舞台。

（1）老师善于发现、鼓励和创造舞台，学生善于抓住展示的机会，

"上台表演"。也许一次举手发言就是一个舞台，一次习作范文朗读就是一个舞台，一堂口语交际课就是一个舞台……校园的每一个角落都能成为舞台。心有多大，舞台就有多大。

（2）"乐乐当家"。"乐乐当家"是专为有表演兴趣的学生搭建的舞台。创办宗旨：你给我一个舞台，我还你一个惊喜。不论水平，不论名气，只为圆梦。只要自己愿意，人人都可参加。"乐乐当家"节目形式包括器乐演奏、唱歌、舞蹈、小品、相声、讲故事、课本剧演绎等。"乐乐当家"犹如"星光大道"，异彩绽放，舞台上下欢声笑语飘荡，学生陶醉在艺术的王国里。

（3）中国小金钟大赛。中国小金钟大赛是中国顶级的少儿音乐赛事，也是全球性的公益赛事，设有声乐（器乐）类、舞蹈类、语言类三个项目。学校将中国小金钟大赛引进校园，设立了二小专场，让学生异彩绽放！

（五）心育——阳光自信（积极向上、坚信笃行、自强不息）

学生脸上洋溢的笑容，是学校办学成果最好的诠释。学校帮学生扣好第一颗扣子，呵护学生的天性，把微笑植入学生的心田，引导他们在遵守社会规则的前提下，拥有发展个性和特长的机会，让"微笑教育"绽放微笑。

德育、智育、体育、美育和心育是学生全面发展的有机组成部分。它们各自有自身的基本任务，不能相互替代，但它们又是相互联系、相互促进的一个整体。根据各育之间的关系，在实践中应坚持"五育"并重，把全面发展教育的各组成部分有机结合，把全面发展与因材施教有机结合，培养既有比较完善的基本素质，又能充分发展特长的微笑少年。

八、标志性成果

1. 个性化升旗仪式。

2. 微笑之星。

3. 感恩大课堂，《心怀感恩》特色少先队活动课校本教材。

4.《乐乐上学了》《乐乐去实践》《乐乐爱观察》系列校本教材。

5. 社团展演等各类演出。